KB051638

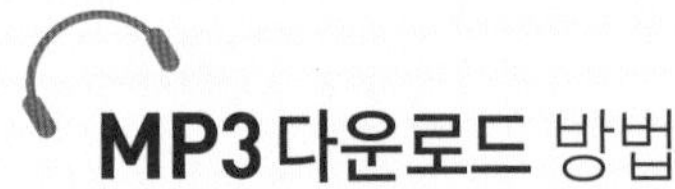

MP3 다운로드 방법

컴퓨터에서

- 네이버 블로그 주소란에 **www.lancom.co.kr** 입력 또는 네이버 블로그 검색창에 **랭컴**을 입력하신 후 다운로드

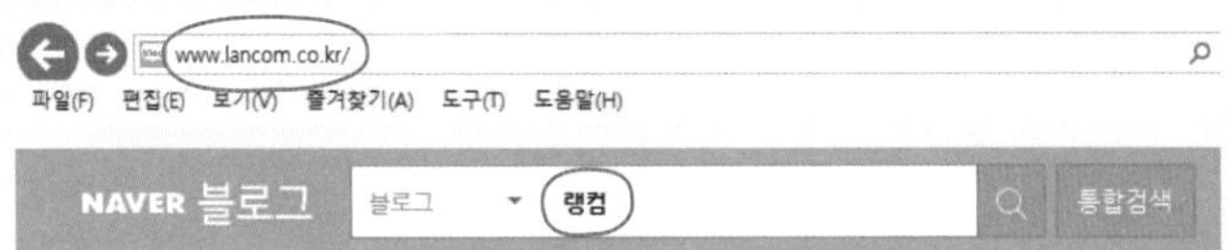

- **www.webhard.co.kr**에서 직접 다운로드

아이디 : **lancombook**

패스워드 : **lancombook**

스마트폰에서

콜롬북스 앱을 통해서 본문 전체가 녹음된 **MP3** 파일을 **무료**로 **다운로드**할 수 있습니다.

- 구글플레이 • 앱스토어에서 **콜롬북스 앱** 다운로드 및 설치
- 이메일로 회원 가입 → **도서명** 또는 **랭컴** 검색 → **MP3 다운로드**

▶ mp3 다운로드

www.lancom.co.kr에 접속하여 **mp3**파일을 무료로 다운로드합니다.

▶ 우리말과 원어민의 1 : 1 녹음

책 없이도 공부할 수 있도록 원어민 남녀가 자연스런 속도로 번갈아가며 영어 문장을 녹음하였습니다. 우리말 한 문장마다 원어민 남녀 성우가 각각 1번씩 읽어주기 때문에 보다 더 정확한 발음을 익힐 수 있습니다.

▶ mp3 반복 청취

교재를 공부한 후에 녹음을 반복해서 청취하셔도 좋고, 원어민의 녹음을 먼저 듣고 잘 이해할 수 없는 부분은 교재로 확인해보는 방법으로 공부하셔도 좋습니다. 어떤 방법이든 자신에게 잘 맞는다고 생각되는 방법으로 꼼꼼하게 공부하십시오. 보다 자신 있게 영어를 할 수 있게 될 것입니다.

▶ 정확한 발음 익히기

발음을 공부할 때는 반드시 함께 제공되는 mp3 파일을 이용하시기 바랍니다. 언어를 배울 때 듣는 것이 중요하다는 것은 두말할 필요가 없습니다. 오랫동안 자주 반복해서 듣는 연습을 하다보면 어느 순간 갑자기 말문이 열리게 되는 것을 경험할 수 있을 것입니다. 의사소통을 잘 하기 위해서는 말을 잘하는 것도 중요하지만 상대가 말하는 것을 정확하게 듣는 것이 더 중요하다고 합니다. 활용도가 높은 기본적인 표현을 가능한 한 많이 암기할 것과, 동시에 원어민이 읽어주는 문장을 지속적으로 꾸준히 듣는 연습을 병행하시기를 권해드립니다. 듣는 연습을 할 때는 실제로 소리를 내어 따라서 말해보는 것이 더욱 효과적입니다.

처음 시작하는 **독학 일본어회화**

처음 시작하는 **독학 일본어회화**

2020년 10월 01일 초판 1쇄 인쇄
2022년 05월 15일 초판 9쇄 발행

지은이 박해리
발행인 손건
편집기획 김상배, 장수경
마케팅 이언영
디자인 이성세
제작 최승용
인쇄 선경프린테크

발행처 ***LanCom*** 랭컴
주소 서울시 영등포구 영신로34길 19, 3층
등록번호 제 312-2006-00060호
전화 02) 2636-0895
팩스 02) 2636-0896
홈페이지 www.lancom.co.kr

ⓒ 랭컴 2020
ISBN 979-11-89204-67-9 13730

이 책의 저작권은 저자에게 있습니다. 저자와 출판사의 허락없이
내용의 일부를 인용하거나 발췌하는 것을 금합니다.

처음 시작하는

독학 일본어 회화

박해리 지음

LanCom
Language & Communication

일본어는 우리와 동일한 한자 문화권에 속해 있고, 우리말의 어순과 언어 구조상 유사점이 많기 때문에 다른 외국어에 비해 배우기 쉽다는 전제 하에서 고려해 볼 때 언어 습관의 차이나 문화적 행태상의 차이로 인해 발생되는 어려운 표현들은 자신이 직접 몸으로 체험하거나 꾸준하게 익히는 수밖에 없을 것입니다.

언어란 본디 실제 일상생활 속에서 체득되는 것이므로 지나치게 문법적인 측면에서 의사소통을 해결하려고 한다면 일본어를 정복하기는 결코 쉽지는 않을 것입니다. 그러므로 언어 구조의 틀 속에 이미 문법적 개념이 내재하고 있다고 보면, 일상적인 표현 위주의 일본어를 먼저 접하여 일본어에 대한 벽을 허물고 난 다음 문법적인 체계를 바탕으로 접근한다면 보다 쉽고 빠르게 학습 효과를 발휘할 수 있다고 봅니다.

또한 일본어는 영어와는 달리 어순이 우리말과 동일하여 단어만 알고 있으면 의사소통이 다 되는 줄로 믿고 회화 표현에 그다지 신경을 쓰지 않는 경우가 많습니다. 하지만 막상 일본인과 직접 대화를 나누게 되면 쉬운 표현도 엄두가 나지 않을 뿐더러 말문이 트이지 않아 답답함을 느끼게 될 것입니다.

그것은 일본어 회화는 단어와 문법만 알고 있다고 해서 말문이 쉽게 터지는 것이 아니라 일정한 <일본어다운 표현>을 길러야만 자연스런 회화가 가능하게 되는 것입니다. 특히 독자 여러분이 일본어 회화를 공부할 때 유의해야 할 점은 우리말 사고에서 벗어나 일본어적인 사고에서 접근해야 비로소 자연스런 회화를 할 수 있는 능력이 갖추어지게 되는 법입니다. 또한 일본어 발음은 다른 문화권의 외국어에 비해 수월하다고는 하지만, 그래도 일본인의 귀에 이상하게 들리는 발음이 다소 있으므로 일본인의 정확한 발음을 통해 익혀야 합니다.

이 책은 일본어 어법 및 어휘에 있어서 초급 수준의 내용을 마친 학습자가 기본적인 표현을 통해 일본어 회화를 자연스럽게 익힐 수 있도록 꾸몄습니다. 독자 여러분께서는 다음과 같은 본서의 특징을 최대한 살려 일본어 회화에 열중한다면 효과적인 학습의 능률을 꾀할 수 있을 것입니다.

1. 상황에 따라 100 장면으로 구성

일상생활에서 일어날 수 있는 다양한 상황에 맞춰 바로 사용할 수 있도록 100개의 장면으로 분류하였으며, 각 유닛은 6개의 기본표현과 대화문으로 꾸몄습니다. 고마울 때, 미안할 때 등의 감정 표현을 비롯하여 길을 묻고 대답할 때, 교통수단을 이용할 때, 병원이나 약국에서, 미용실에서, 편의점에서 쓸 수 있는 표현들을 필요할 때마다 바로 찾아 바로 쓸 수 있습니다.

2. 알기 쉬운 친절하고 간략한 해설

각 유닛마다 체크 포인트를 통해 일본문화와 어법, 그리고 회화의 쓰임과 활용에 대해서 친절하게 설명하였습니다. 또한 기본표현에서는 초보자를 위해 단어의 뜻과 어법 등 간략한 설명을 두었습니다.

3. 실제 대화에 응용할 수 있는 미니토크

기본표현을 읽기, 듣기, 쓰기, 말하기 등 제시한 학습 방법 대로 충분히 차근차근 공부하였다면 맞쪽에는 실제회화를 통해 곧바로 응용하여 학습할 수 있도록 상황에 맞는 자연스런 대화문을 두었습니다.

4. 한글 발음과 일본인에 의한 생생한 녹음

일본어를 읽는 것 자체가 걱정이라구요? 그런 분들을 위해서 한글 발음을 친절하게 달아 놓았습니다. '아, 촌스럽게 뭐 이런 걸 달아놨어!' 투덜거리면서 이용하세요^^ 본사에세 무료로 제공하는 mp3 파일은 본문 전체를 일본인이 직접 일상적인 대화 속도로 녹음하였습니다. 정확한 발음을 통해 학습자가 듣기, 말하기 훈련에 만전을 기할 수 있도록 하였습니다.

PART 01

인사 감정 의사 표현

01 인사할 때 20
02 외출할 때 22
03 근황을 물을 때 24
04 처음 만났을 때 26
05 오랜만에 만났을 때 28
06 헤어질 때 30
07 고마울 때 32
08 미안할 때 34
09 축하할 때 36
10 환영할 때 38
11 행복과 행운을 빌 때 40
12 기쁘거나 즐거울 때 42
13 화날 때 44
14 슬프거나 외로울 때 46
15 놀랍거나 무서울 때 48
16 걱정하거나 위로할 때 50
17 감탄하거나 칭찬할 때 52
18 사람을 부를 때 54
19 맞장구칠 때 56
20 되물을 때 58
21 질문할 때 60
22 부탁할 때 62
23 제안하거나 권유할 때 64
24 이해했는지 묻고 답할 때 66
25 의견을 묻고 답할 때 68

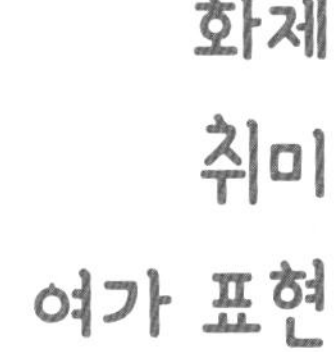

PART 02

화제 취미 여가 표현

01 시간에 대해 말할 때 74
02 날짜와 요일에 대해 말할 때 76
03 날씨에 대해 말할 때 78
04 계절에 대해 말할 때 80
05 학교에 대해 말할 때 82
06 학교생활에 대해 말할 때 84
07 직장에 대해 말할 때 86
08 직장생활에 대해 말할 때 88
09 가족에 대해 말할 때 90
10 거주지에 대해 말할 때 92
11 연애에 대해 말할 때 94
12 결혼에 대해 말할 때 96
13 취미에 대해 말할 때 98
14 여가활동에 대해 말할 때 100
15 책과 신문에 대해 말할 때 102
16 음악과 그림에 대해 말할 때 104
17 텔레비전과 영화에 대해 말할 때 106
18 식성과 맛에 대해 말할 때 108
19 건강에 대해 말할 때 110
20 운동이나 스포츠에 대해 말할 때 112
21 외모에 대해 말할 때 114
22 옷차림에 대해 말할 때 116
23 성격에 대해 말할 때 118
24 술과 담배에 대해 말할 때 120
25 여행에 대해 말할 때 122

PART 03

일상 생활 여행 표현

01 길을 묻거나 알려줄 때 128
02 택시를 탈 때 130
03 버스를 탈 때 132
04 전철·지하철을 탈 때 134
05 열차를 탈 때 136
06 비행기를 탈 때 138
07 자동차를 운전할 때 140
08 숙박할 때 142
09 식당에서 144
10 음료와 술을 마실 때 146
11 관광안내소에서 148
12 관광지에서 150
13 관람할 때 152
14 사진을 찍을 때 154
15 쇼핑할 때 156
16 물건을 찾을 때 158
17 물건을 고를 때 160
18 물건 값을 계산할 때 162
19 포장이나 배달을 원할 때 164
20 교환이나 환불을 원할 때 166
21 은행에서 168
22 우체국에서 170
23 이발소에서 172
24 미용실에서 174
25 세탁소에서 176

PART

전화 사교 긴급 표현

01 전화를 걸 때 182
02 전화를 받을 때 184
03 찾는 사람이 부재중일 때 186
04 메시지를 부탁할 때 188
05 약속을 청할 때 190
06 약속 제의에 응답할 때 192
07 초대할 때 194
08 초대에 응답할 때 196
09 방문할 때 198
10 방문객을 맞이할 때 200
11 방문객을 대접할 때 202
12 방문을 마칠 때 204
13 난처할 때 206
14 말이 통하지 않을 때 208
15 위급한 상황일 때 210
16 물건을 분실했을 때 212
17 도난당했을 때 214
18 교통사고가 났을 때 216
19 병원에서 218
20 증세를 물을 때 220
21 증상을 설명할 때 222
22 아픈 곳을 말할 때 224
23 검진을 받을 때 226
24 입퇴원 또는 병문안할 때 228
25 약국에서 230

회화를 위한 기본단어 235

히라가나와 카타카나

일본어 문자 표기에는 히라가나, 카타카나, 한자, 이 세 가지를 병용해서 사용합니다. 히라가나는 인쇄나 필기 등의 모든 표기에 쓰이는 기본 문자이며, 카타카나는 주로 외래어를 표기할 때 사용합니다. *카타카나는 별색으로 표시하였습니다.

あ ア 아 a	い イ 이 i	う ウ 우 u	え エ 에 e	お オ 오 o
か カ 카 ka	き キ 키 ki	く ク 쿠 ku	け ケ 케 ke	こ コ 코 ko
さ サ 사 sa	し シ 시 si	す ス 스 su	せ セ 세 se	そ ソ 소 so
た タ 타 ta	ち チ 치 chi	つ ツ 츠 tsu	て テ 테 te	と ト 토 to
な ナ 나 na	に ニ 니 ni	ぬ ヌ 누 nu	ね ネ 네 ne	の ノ 노 no
は ハ 하 ha	ひ ヒ 히 hi	ふ フ 후 hu	へ ヘ 헤 he	ほ ホ 호 ho
ま マ 마 ma	み ミ 미 mi	む ム 무 mu	め メ 메 me	も モ 모 mo
や ヤ 야 ya		ゆ ユ 유 yu		よ ヨ 요 yo
ら ラ 라 ra	り リ 리 ri	る ル 루 ru	れ レ 레 re	ろ ロ 로 ro
わ ワ 와 wa				を ヲ 오 o
ん ン 응 n,m,ng				

탁음과 반탁음

か さ た は행의 글자 오른쪽 윗부분에 탁점(゛)을 붙인 음을 탁음이라고 하며, 반탁음은 は행의 오른쪽 윗부분에 반탁점(゜)을 붙인 것을 말합니다.

が ガ 가 ga	ぎ ギ 기 gi	ぐ グ 구 gu	げ ゲ 게 ge	ご ゴ 고 go
ざ ザ 자 za	じ ジ 지 zi	ず ズ 즈 zu	ぜ ゼ 제 ze	ぞ ゾ 조 zo
だ ダ 다 da	ぢ ヂ 지 zi	づ ヅ 즈 zu	で デ 데 de	ど ド 도 do
ば バ 바 ba	び ビ 비 bi	ぶ ブ 부 bu	べ ベ 베 be	ぼ ボ 보 bo
ぱ パ 파 pa	ぴ ピ 피 pi	ぷ プ 푸 pu	ぺ ペ 페 pe	ぽ ポ 포 po

발음

ん은 단어의 첫머리에 올 수 없으며 항상 다른 글자 뒤에 쓰여 우리말의 받침과 같은 구실을 합니다. ん 다음에 오는 글자의 영향에 따라 다음과 같은 소리가 납니다.

ㅇ ん(ン) 다음에 か が행의 글자가 이어지면「ㅇ」으로 발음한다.

えんき [엥끼] 연기　　**ミンク** [밍쿠] 밍크

ㄴ ん(ン) 다음에 さ ざ た だ な ら행의 글자가 이어지면「ㄴ」으로 발음한다.

かんし [간시] 감시　　**はんたい** [한따이] 반대

ヒント [힌토] 힌트　　**パンダ** [판다] 팬더

ㅁ ん(ン) 다음에 ま ば ぱ행의 글자가 이어지면「ㅁ」으로 발음한다.

あんま [암마] 안마　　**テンポ** [템포] 템포

ㅇ ん(ン) 다음에 あ は や わ행의 글자가 이어지면「ㄴ」과「ㅇ」의 중간음으로 발음한다. 또한 단어 끝에 ん이 와도 마찬가지이다.

れんあい [렝아이] 연애　　**にほん** [니홍] 일본

요음

요음이란 い단 글자 중 자음에 반모음의 작은 글자 ゃゅょ를 붙인 음으로 우리말의 ㅑ ㅠ ㅛ 같은 역할을 합니다.

きゃ キャ 캬 kya	きゅ キュ 큐 kyu	きょ キョ 쿄 kyo
しゃ シャ 샤 sha(sya)	しゅ シュ 슈 shu(syu)	しょ ショ 쇼 sho(syo)
ちゃ チャ 챠 cha(tya)	ちゅ チュ 츄 chu(tyu)	ちょ チョ 쵸 cho(tyo)
にゃ ニャ 냐 nya	にゅ ニュ 뉴 nyu	にょ ニョ 뇨 nyo
ひゃ ヒャ 햐 hya	ひゅ ヒュ 휴 hyu	ひょ ヒョ 효 hyo
みゃ ミャ 먀 mya	みゅ ミュ 뮤 myu	みょ ミョ 묘 myo
りゃ リャ 랴 rya	りゅ リュ 류 ryu	りょ リョ 료 ryo
ぎゃ ギャ 갸 gya	ぎゅ ギュ 규 gyu	ぎょ ギョ 교 gyo
じゃ ジャ 쟈 zya(ja)	じゅ ジュ 쥬 zyu(ju)	じょ ジョ 죠 zyo(jo)
びゃ ビャ 뱌 bya	びゅ ビュ 뷰 byu	びょ ビョ 뵤 byo
ぴゃ ピャ 퍄 pya	ぴゅ ピュ 퓨 pyu	ぴょ ピョ 표 pyo

촉음

촉음은 つ를 작을 글자 っ로 표기하며 뒤에 오는 글자의 영향에 따라 우리말 받침의 ㄱ ㅅ ㄷ ㅂ으로 발음합니다.

ㄱ 촉음인 っ (ッ) 다음에 か き く け こ가 이어지면「ㄱ」으로 발음한다.

けっか [겍까] 결과　　**サッカー** [삭카—] 사커, 축구

ㅅ 촉음인 っ (ッ) 다음에 さ し す せ そ가 이어지면「ㅅ」으로 발음한다.

さっそく [삿소꾸] 속히, 재빨리　　**クッション** [쿳숑] 쿠션

ㅂ 촉음인 っ (ッ) 다음에 ぱ ぴ ぷ ぺ ぽ가 이어지면「ㅂ」으로 발음한다.

いっぱい [입빠이] 가득　　**ヨーロッパ** [요—롭파] 유럽

ㄷ 촉음인 っ (ッ) 다음에 た ち つ て と가 이어지면「ㄷ」으로 발음한다.

きって [긷떼] 우표　　**タッチ** [탇치] 터치

*이 책에서는 ㄷ으로 발음하는 경우는 편의상 ㅅ으로 표기하였다.

장음

장음이란 같은 모음이 중복될 때 앞의 발음을 길게 발음하는 것을 말합니다. 카타카나에서는 장음부호를 ー로 표기합니다.

あ あ단에 모음 あ가 이어질 경우 뒤의 모음인 あ는 장음이 된다.

おかあさん [오까−상] 어머니　　**スカート** [스카−토] 스커트

い い단에 모음 い가 이어질 경우 뒤의 모음인 い는 장음이 된다.

おじいさん [오지−상] 할아버지　　**タクシー** [타쿠시−] 택시

う う단에 모음 う가 이어질 경우 뒤의 모음인 う는 장음이 된다.

くうき [쿠−끼] 공기　　**スーパー** [스−파−] 슈퍼

え え단에 모음 え나 い가 이어질 경우 뒤의 모음인 え와 い는 장음이 된다.

おねえさん [오네−상] 누님, 누나　　**えいが** [에−가] 영화

お お단에 모음 お나 う가 이어질 경우 뒤의 모음인 お와 う는 장음이 된다.

こおり [코−리] 얼음　　**とうふ** [토−후] 두부

인사 · 감정 · 의사 표현

Unit 01

인사할 때

Basic Expression

안녕하세요.(아침)

おはようございます。

오하요- 고자이마스

안녕.(아침)

おはよう。

오하요-

친구나 아랫사람 등, 직장 동료간에 하는 간편한 인사

안녕하세요.(낮)

こんにちは。

곤니찌와

は는 조사이므로 '하'로 발음하지 않고 '와'로 발음한다

안녕하세요.(저녁)

こんばんは。

곰방와

날씨가 좋네요.

てんき

いい天気ですね。

이- 텡끼데스네

일상적인 만남에서는 날씨 등으로 인사를 대신하기도 한다

안녕히 주무세요.

やす

お休みなさい。

오야스미나사이

밤에 헤어질 때나 잠들기 전에 하는 인사말

학습일 ／ □

Mini Talk

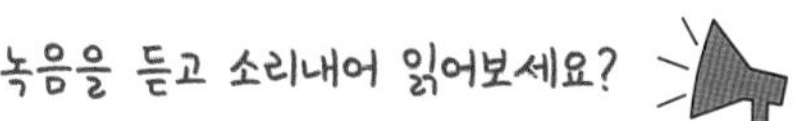
녹음을 듣고 소리내어 읽어보세요?

A: **山田(やまだ)さん、こんにちは。**

야마다상, 곤니찌와

B: **ああ、木村(きむら)さん、こんにちは。お出(で)かけですか。**

아-, 기무라상, 곤니찌와. 오데카께데스까

A: **ええ、ちょっと用事(ようじ)で。お忙(いそが)しいですか。**

에-, 춋또 요-지데. 오이소가시-데스까

B: **まあまあです。**

마-마-데스

A: 야마다 씨, 안녕하세요?

B: 아, 기무라 씨, 안녕하세요. 외출하십니까?

A: 예, 좀 볼일이 있어서. 바쁘십니까?

B: 그저 그렇습니다.

Check Point!

우리는 일상적으로 만났을 때 '안녕하세요'라고 하지만, 일본에서는 아침에 일어나서 점심때까지는 おはようございます라고 하며, 친근한 사이에서는 줄여서 おはよう만으로 인사를 합니다. 낮부터 저녁때까지는 こんにちは라고 하며, 해가 지고 어두워지면 こんばんは로 인사를 나눕니다. 그리고 밤에 헤어질 때는 おやすみなさい(안녕히 주무세요)라고 합니다.

Unit 02

외출할 때

Basic Expression

다녀올게요.

行(い)ってきます。

잇떼 기마스

다녀오겠습니다.

行(い)って参(まい)ります。

잇떼 마이리마스

行ってきます보다 정중한 표현

잘 다녀오세요.

行(い)っていらっしゃい。

잇떼 이랏샤이

줄여서 いってらっしゃい라고도 한다

다녀왔습니다.

ただいま。

다다이마

ただいま는 본래 '방금, 이제 막' 이라는 뜻의 부사어이다

어서 오세요.

お帰(かえ)りなさい。

오까에리나사이

조심해서 다녀와요.

気(き)をつけてね。

기오 쓰께떼네

てね는 ください를 줄여서 쓴 형태이다

Mini Talk

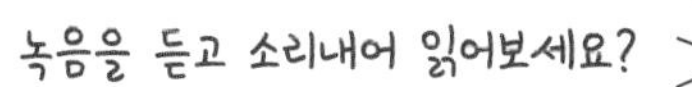
녹음을 듣고 소리내어 읽어보세요?

A: **行(い)っていらっしゃい。**

잇떼 이랏샤이

B: **行(い)って参(まい)ります。**

잇떼 마이리마스

A: **ただいま。**

다다이마

B: **お帰(かえ)りなさい。**

오까에리나사이

A: 다녀오세요.

B: 다녀올게요.

A: 다녀왔어요.

B: 어서 오세요.

Check Point!

외출을 하거나 출근할 때 집에 있는 사람에게 다녀오겠다고 인사를 할 때는 行ってきます라고 하며, 더욱 정중하게 말할 때는 行ってまいります라고 합니다. 이에 대한 대답으로 잘 다녀오라고 할 때는 行っていらっしゃい라고 합니다. 귀가를 했을 때는 ただいま라고 인사를 하면 おかえりなさい라고 하면 반갑게 맞이합니다.

Unit 03 근황을 물을 때

Basic Expression

잘 지내시죠?

お元気(げんき)ですか。

오겡끼데스까

상대방의 안녕을 묻는 인사말

별일 없으세요?

お変(か)わりありませんか。

오까와리 아리마셍까

요즘 어떠신가요?

この頃(ごろ)はいかがですか。

고노고로와 이까가데스까

いかがですか는 どうですか보다 정중한 표현이다

일은 어떠세요?

仕事(しごと)はどうですか。

시고또와 도-데스까

그저 그래요.

まあまあです。

마-마-데스

まあまあ 불충분하지만 그 정도로서 만족할 수 있음을 나타냄

좋아 보이네요.

お元気(げんき)そうですね。

오겡끼 소-데스네

そうです는 양태를 나타낼 때 쓰인다

Mini Talk

녹음을 듣고 소리내어 읽어보세요?

A: 木村(きむら)さん、お元気(げんき)ですか。

기무라상, 오겡끼데스까

B: はい、お陰(かげ)さまで元気(げんき)です。あなたは?

하이, 오까게사마데 겡끼데스. 아나따와

A: わたしも元気(げんき)でやっていますよ。

와따시모 겡끼데 얏떼 이마스요

B: この頃(ごろ)、お仕事(しごと)はどうですか。

고노고로, 오시고또와 도-데스까

A: 기무라 씨, 잘 지내세요?

B: 네, 덕분에 잘 지냅니다. 당신은요?

A: 저도 잘 지내고 있어요.

B: 요즘 일은 어때요?

Check Point!

お元気ですか는 영화를 통해 우리에게 잘 알려진 인사말로 상대의 안녕을 묻는 표현입니다. 대답할 때는 はい、元気です라고 하면 됩니다. 또한, 근황에 대해 물을 때는 건강뿐만 아니라 사업, 가족, 하는 일 등 다양하게 물어볼 수 있습니다. 그저 아주 잘 지내는 정도는 아니지만 그럭저럭 잘 지내고 있다고 대답할 때는 まあまあです라고 합니다.

Unit 04 처음 만났을 때

Basic Expression

처음 뵙겠습니다.

はじめまして。

하지메마시떼

정중하게 말할 때는 뒤에 どうぞよろしく를 붙인다

잘 부탁합니다.

どうぞよろしく。

도-조 요로시꾸

부탁드립니다는 뜻의 お願いします를 줄인 형태로 많이 쓰인다

저야말로 잘 부탁합니다.

こちらこそどうぞよろしく。

고찌라꼬소 도-조 요로시꾸

こそ ~이야말로

잘 부탁드립니다.

どうぞよろしくお願(ねが)いします。

도-조 요로시꾸 오네가이시마스

뵙게 되어 기쁩니다.

お目(め)にかかれて嬉(うれ)しいです。

오메니카까레떼 우레시-데스

おめにかかる는 뵙다의 뜻으로 見る의 겸양어이다

뵙게 되어 영광입니다.

お目(め)にかかれて光栄(こうえい)です。

오메니카까레떼 코-에-데스

일본어에서는 '영광'을 우리와 반대로 光栄으로 말한다

Mini Talk

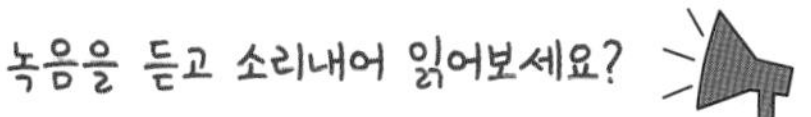
녹음을 듣고 소리내어 읽어보세요?

A: 吉村(よしむら)さん、こちらは田中(たなか)さんです。

요시무라상, 고찌라와 다나까산데스

B: はじめまして。田中(たなか)です。どうぞよろしく。

하지메마시떼. 다나까데스. 도-조 요로시꾸

A: こちらこそ、どうぞよろしく。

고찌라꼬소, 도-조 요로시꾸

B: お会(あ)いできて嬉(うれ)しいです。

오아이데키떼 우레시-데스

A: 요시무라 씨, 이분은 다나카 씨입니다.

B: 처음 뵙겠습니다. 다나카입니다. 잘 부탁합니다.

A: 저야말로 잘 부탁합니다.

B: 만나서 반갑습니다.

Check Point!

はじめまして는 처음 사람을 만났을 때 하는 관용적인 인사표현으로 뒤에 どうぞよろしく를 덧붙여 말하는 것이 정형화되어 있습니다. どうぞよろしく는 뒤에 お願いします(부탁드립니다)를 줄여서 표현한 것으로 상대에게 뭔가를 부탁을 할 때도 쓰이지만, 단순히 습관적인 인사치레의 말로 쓰이는 경우가 많습니다.

Unit 05

오랜만에 만났을 때

Basic Expression

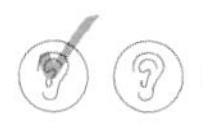

오랜만이군요.

お久(ひさ)しぶりですね。

오히사시부리데스네

-ぶり (시간의 경과를 나타내는 말에 붙어) …만에

오래간만입니다.

しばらくでした。

시바라꾸데시다

しばらく 오래간만; 당분간; 오랫동안

오랫동안 격조했습니다.

長(なが)らくごぶさたしております。

나가라꾸 고부사따시떼 오리마스

뵙고 싶었어요.

お会(あ)いしたかったんです。

오아이시타깟딴데스

お会いする는 会う(만나다)의 겸양 표현이다

그동안 어떻게 지냈어요?

その後(ご)どうでしたか。

소노고 도-데시다까

별고 없으셨지요?

お変(か)わりありませんでしたか。

오까와리 아리마센데시다까

녹음을 듣고 소리내어 읽어보세요?

A: やあ、お久(ひさ)しぶりですね。

야-, 오히사시부리데스네

B: お久(ひさ)しぶりです。お元気(げんき)でしたか。

오히사시부리데스. 오겡끼데시다까

A: はい、元気(げんき)でした。いかがですか。

하이, 겡끼데시다. 이까가데스까

B: この頃(ごろ)、ちょっと忙(いそが)しかったんです。

고노고로, 춋또 이소가시깟딴데스

A: 야, 오랜만이네요.

B: 오랜만입니다. 잘 지내셨습니까?

A: 네, 잘 지냈습니다. 어떻게 지내세요?

B: 요즘 좀 바빴습니다.

Check Point!

아는 일본인을 오랜만에 만났을 때의 인사표현으로 おひさしぶりですね가 있습니다. 이에 대한 인사로 아랫사람이라면 간단히 ひさしぶりだね라고 하면 됩니다. 참고로 잠깐 헤어졌다가 만날 때는 しばらくでした라고 합니다. 그 동안 어떻게 지냈는지 물을 때는 その後どうでしたか라고 하면 되고, 덕분에 잘 지냈다고 할 때는 おかげさまで라고 하면 됩니다.

Unit 06

헤어질 때

Basic Expression

안녕히 가세요(계세요).

さようなら。

사요-나라

오랫동안 헤어질 때 쓰는 인사말

안녕히 가세요.

ご機嫌(きげん)よう。

고끼겡요-

만났을 때나 헤어질 때의 인사말; 안녕하십니까; 안녕히 가[계]십시오

그럼, 또 내일 봐요.

では、またあした。

데와, 마따 아시따

매일 만나고 헤어질 때 쓰는 가벼운 인사말

그럼, 또 봐.

じゃ、またね。

쟈, 마따네

또 만나요.

また会(あ)いましょう。

마따 아이마쇼-

모두에게 안부 전해 주세요.

皆(みな)さまによろしく。

미나사마니 요로시꾸

뒤에 よろしくお願いします가 생략된 형태의 인사말

녹음을 듣고 소리내어 읽어보세요?

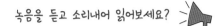

A: **そろそろおいとまします。**
소로소로 오이또마시마스

B: **あ、もう10時(じゅうじ)ですか。**
아, 모- 쥬-지데스까

A: **今日(きょう)は本当(ほんとう)に楽(たの)しかったです。**
쿄-와 혼또-니 다노시깟따데스

B: **わたしもです。さようなら。**
와따시모데스. 사요-나라

A: 이만 가 봐야겠어요.

B: 어, 벌써 10시인가요?

A: 오늘은 정말 즐거웠어요.

B: 저도 즐거웠습니다. 안녕히 가세요.

Check Point!

일상적으로 만나고 헤어질 때는 じゃ、またあした(그럼, 내일 봐요)라고 인사를 나누며 헤어집니다. 그러나 さようなら는 본래 それでは의 문어체로 현대어서는 작별할 때 쓰이는 인사말로 굳어진 형태입니다. 따라서 이것은 매일 만나는 사람과는 쓰지 않으며 오랫동안 헤어질 때 쓰이는 작별인사로 줄여서 さよなら라고도 합니다.

Unit 07

고마울 때

Basic Expression

고마워요.

ありがとう。

아리가또-

가볍게 고마움을 나타낼 때 쓰는 말

대단히 고맙습니다.

どうもありがとうございます。

도-모 아리가또- 고자이마스

정중하게 고마움을 나타낼 때 쓰는 말

그동안 감사했습니다.

今(いま)までありがとうございました。

이마마데 아리가또- 고자이마시다

여러 가지로 신세가 많았습니다.

いろいろお世話(せわ)になりました。

이로이로 오세와니 나리마시다

おせわになる 신세를 지다

천만에요.

どういたしまして。

도- 이따시마시떼

저야말로.

こちらこそ。

고찌라꼬소

Mini Talk

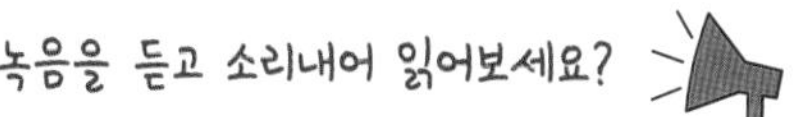
녹음을 듣고 소리내어 읽어보세요?

A: **ご親切(しんせつ)に、ありがとうございました。**
고신세쯔니, 아리가또-고자이마시다

B: **お役(やく)に立(た)てて、嬉(うれ)しいです。**
오야꾸니 다떼떼, 우레시-데스

A: **本当(ほんとう)に感謝(かんしゃ)しています。**
혼또-니 칸샤시떼 이마스

B: **どういたしまして。もし何(なに)かあったらこちらへ連絡(れんらく)してください。**
도-이따시마시떼. 모시 나니까 앗따라 고찌라에 렌라꾸시떼 구다사이

A: 친절을 베풀어주셔서 감사했습니다.

B: 도움이 되어 기쁩니다.

A: 정말 감사합니다.

B: 천만에요.
만약 무슨 일이 있으면 저에게 연락주세요.

Check Point!

일본어로 고마움을 나타낼 때 가장 일반적인 말은 ありがとうございます입니다. 친근한 사이에서는 줄여서 ありがとう만으로도 사용합니다. 또한 상대의 친절한 행위나 말에 대한 대해서 고마움을 나타낼 때는 ~にありがとう로 표현하며 이에 대한 응답 표현으로는 どういたしまして(천만에요), こちらこそ(저야말로) 등이 있습니다.

Unit 08 미안할 때

Basic Expression

미안해요.

ごめんなさい。

고멘나사이

자신의 실수나 무례를 사과하거나 용서를 구하는 말

죄송합니다.

申(もう)しわけありません。

모-시와께 아리마셍

정중하게 사죄를 할 때 쓰인다

늦어서 미안해요.

遅(おく)れてすみません。

오꾸레떼 스미마셍

~てすみません ~해서 미안합니다

기다리게 해서 죄송합니다.

お待(ま)たせしてすみませんでした。

오마따세시떼 스미마센데시다

待たせる 기다리게 하다

실례했습니다.

失礼(しつれい)しました。

시쯔레-시마시다

괜찮아요.

いいんですよ。

이인데스요

학습일 ／ □

Mini Talk

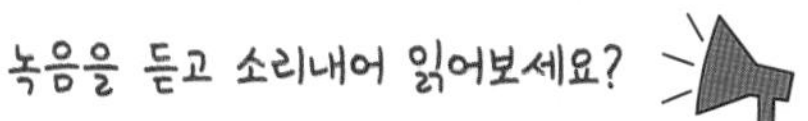
녹음을 듣고 소리내어 읽어보세요?

A: あっ、ごめんなさい。大丈夫(だいじょうぶ)ですか。

앗, 고멘나사이. 다이죠-부데스까

B: ええ、わたしは大丈夫(だいじょうぶ)です。

에-, 와따시와 다이죠-부데스

A: 本当(ほんとう)にごめんなさい。

혼또-니 고멘나사이

B: そんなこといいですよ。

손나 고또 이-데스요

A: 앗, 미안해요. 괜찮아요?

B: 예, 저는 괜찮아요.

A: 정말로 죄송해요.

B: 그러실 거 없어요.

Check Point!

일본인은 어렸을 때부터 남에게 폐를 끼치지 말라고 교육을 받은 탓에 상대에게 피해라고 여겨지면 실례나 사죄의 말이 입에서 자동으로 나올 정도입니다. 상대방에게 실수나 잘못을 했을 때는 보통 すみません, ごめんなさい가 가장 일반적이며, 에에 대한 응답 표현으로는 いいですよ, かまいませんよ, 大丈夫です 등이 있습니다.

Unit

09 축하할 때

Basic Expression

축하해요.

おめでとう。

오메데또-

가볍게 축하할 때 쓰이는 말

축하합니다.

おめでとうございます。

오메데또- 고자이마스

진심으로 축하드립니다.

こころからお祝(いわ)い申(もう)し上(あ)げます。

고꼬로까라 오이와이 모-시아게마스

격식을 차려 진심으로 축하할 때

생일 축하해.

お誕生(たんじょう)日(び)おめでとう。

오딴죠-비 오메데또-

축하해요. 다행이네요.

おめでとう。よかったですね。

오메데또-. 요깟따데스네

당신 덕분입니다.

あなたのお陰(かげ)です。

아나따노 오까게데스

おかげ 덕분, 덕택

Mini Talk

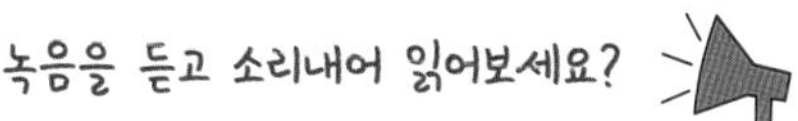
녹음을 듣고 소리내어 읽어보세요?

A: ご昇進(しょうしん)、おめでとうございます。
고쇼-싱, 오메데또- 고자이마스

B: ありがとうございます。どこで聞(き)いたんですか。
아리가또- 고자이마스. 도꼬데 기이딴데스까

A: 山田(やまだ)さんから聞(き)きました。いいですね。
야마다상까라 기끼마시다. 이-데스네

B: とんでもないです。明日(あした)、おごりましょう。
돈데모 나이데스. 아시따, 오고리마쇼-

A: 승진을 축하해요.

B: 고맙습니다. 어디서 들었어요?

A: 야마다 씨한테서 들었어요. 좋겠군요.

B: 당치도 않아요. 내일 한턱낼게요.

Check Point!

おめでとう는 가장 일반적인 축하 표현이지만 좋은 결과에 대해 칭찬을 할 때도 쓰입니다. 정중하게 말할 때는 おめでとうございます라고 합니다. 본래 おめでとう는 めでたい(경사스럽다)에 ございます가 접속되었을 때 우음편을 한 형태입니다. 또한 축하에 대한 응답으로는 ありがとう나 おかげさまで(덕분에) 등이 있습니다.

Unit 10

환영할 때

Basic Expression

어서 오세요!

いらっしゃい!

이랏샤이

いらっしゃいませ를 줄인 형태

자 들어오십시오!

どうぞお入(はい)りください!

도-조 오하이리 구다사이

대환영입니다.

大歓迎(だいかんげい)です。

다이캉게-데스

잘 오셨습니다.

ようこそおいでくださいました。

요-꼬소 오이데 구다사이마시다

ようこそ 상대의 방문을 환영할 때 쓰는 말

진심으로 환영합니다.

こころより歓迎(かんげい)いたします。

고꼬로요리 캉게- 이따시마스

꼭 오십시오.

ぜひ、いらしてください。

제히, 이라시떼 구다사이

いらしては いらっしゃって의 줄임말

학습일 /

Mini Talk

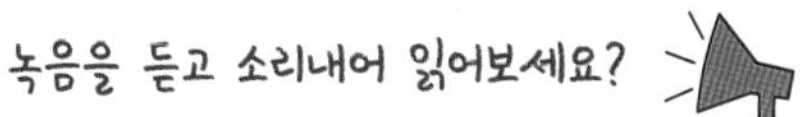
녹음을 듣고 소리내어 읽어보세요?

A: **ようこそ韓国(かんこく)へ。**

요-꼬소 캉코꾸에

B: **はい、どうも。**

하이, 도-모

A: **どこへ行(い)ってみたいですか。**

도꼬에 잇떼 미따이데스까

B: **まず、明洞(ミョンドン)へ行(い)ってみたいですね。**

마즈, 명동에 잇떼 미따이데스네

A: 한국에 오신 것을 환영합니다.

B: 네, 감사합니다.

A: 어디에 가보고 싶습니까?

B: 먼저 명동에 가보고 싶군요.

Check Point!

가게에 들어서면 점원이 いらっしゃいませ라고 큰소리로 맞이하는 것을 많이 볼 수가 있습니다. 손님을 맞이하며 집으로 안내할 때는 どうぞお入りください라고 합니다. 방문객을 맞이할 때 하는 환영의 인사말로는 보통 우리말의 '잘 오셨습니다'에 해당하는 よくいらっしゃいました나 おいでくださいました를 생략하여 ようこそ만으로 많이 쓰입니다.

행복과 행운을 빌 때

Basic Expression

부디 행복하세요.

どうぞお幸(しあわ)せに。

도-조 오시아와세니

행복을 빌게요.

幸(しあわ)せを祈(いの)ります。

시아와세오 이노리마스

내내 행복하시기를.

いつまでも幸福(こうふく)でありますように。

이쯔마데모 코-후꾸데 아리마스요-니

~ように ~하도록

새해 복 많이 받으세요.

明(あ)けましておめでとうございます。

아께마시떼 오메데또- 고자이마스

여러분, 새해 복 많이 받으세요.

皆(みな)さん、新年(しんねん)おめでとう。

미나상, 신넹 오메데또-

행운을 빌겠습니다.

幸運(こううん)を祈(いの)ります。

코-웅오 이노리마스

학습일 / □

녹음을 듣고 소리내어 읽어보세요?

A: **新年(しんねん)、おめでとう。**

신넹, 오메데또-

B: **新年(しんねん)、おめでとうございます。**

신넹, 오메데또- 고자이마스

A: **今年(ことし)も元気(げんき)でね。**

고또시모 겡끼데네

B: **幸運(こううん)を祈(いの)ります。**

코-웅오 이노리마스

A: 새해 복 많이 받아라.

B: 새해 복 많이 받으세요.

A: 올해도 건강하고.

B: 행운을 빌겠습니다.

Check Point!

복권 같은 큰 행운을 얻었거나 시험에 합격했을 때 감격하는 표현으로는 あたった!가 있습니다. 이때 상대의 행운을 기뻐할 때는 おめでとう(축하해)나 よかった(다행이다) 등으로 표현합니다. 신년을 맞이하여 축하인사를 할 때는 보통 あけましておめでとうございます라고 하며, 행운을 빌 때는 幸運を祈ります라고 합니다.

기쁘거나 즐거울 때

Basic Expression

정말 기쁘네요.

本当(ほんとう)に嬉(うれ)しいですね。

혼또-니 우레시-데스네

무척 즐거워요.

とても楽(たの)しいですよ。

도떼모 다노시-데스요

기분 최고예요.

最高(さいこう)の気分(きぶん)ですよ。

사이꼬-노 기분데스요

最高 ↔ 最低(さいてい) 최저, 저질

이렇게 기쁜 일은 없어요.

これほど嬉(うれ)しいことはありません。

고레호도 우레시- 고또와 아리마셍

꿈꾸고 있는 것 같아요.

夢見(ゆめみ)てるようです。

유메미떼루 요-데스

~ているようです ~하고 있는 것 같습니다

기뻐서 말이 안 나와요.

嬉(うれ)しくて言葉(ことば)になりません。

우레시꾸떼 고또바니 나리마셍

학습일 ／ □

Mini Talk

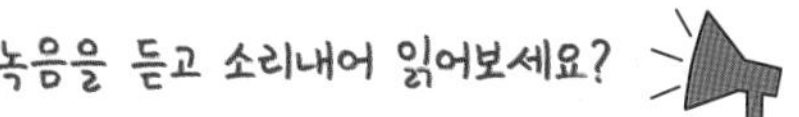
녹음을 듣고 소리내어 읽어보세요?

A: わたし、大好(だいす)きな俳優(はいゆう)からカードをもらったの。

와따시, 다이스끼나 하이유-까라 카-도오 모랏따노

B: 本当(ほんとう)? ファンレターを書(か)いたの?

혼또-? 환레타-오 가이따노

A: ええ、それに返事(へんじ)をくれたのよ。すごく嬉(うれ)しいわ。

에-, 소레니 헨지오 구레따노요. 스고꾸 우레시-와

B: 何(なに)が書(か)いてあるのか教(おし)えてよ。

나니가 가이떼 아루노까 오시에떼요

A: 나, 엄청 좋아하는 배우한테서 카드를 받았어.

B: 정말? 팬레터를 썼니?

A: 응, 그리고 답장을 주었어. 엄청 기뻐.

B: 무엇이 써있는지 가르쳐줘.

Check Point!

기쁜 일이나 즐거운 일이 있으면 うれしい(기쁘다), たのしい(즐겁다), 最高だ(최고다) 등으로 자신의 감정을 솔직하게 표현해 봅시다. 우리말에 너무 좋아서 죽겠다는 표현이 있습니다. 이에 상응하는 일본어 표현으로는 ~てたまらない가 있는데, 이것은 상태나 정도가 너무 지나쳐서 견딜 수 없다는 것을 나타냅니다.

Unit 13

화날 때

Basic Expression

열 받아.

あたま
頭にきたよ。

아따마니 기따요

頭に来る 부아가 나다; (속이) 울컥울컥 치밀다

정말 화가 나.

ほんとう　はら　た
本当に腹が立つよ。

혼또-니 하라가 다쯔요

腹が立つ 화가 나다 / 腹を立てる 화를 내다

바보 취급하지 마요!

ばかにしないでよ!

바까니 시나이데요

~ないでよ ~하지 말아요

더 이상 참을 수 없어요.

がまん
もう我慢できないんですよ。

모- 가만 데끼나인데스요

진정해요!

お　つ
落ち着いて!

오찌쓰이떼

ください를 줄인 형태

화낼 필요는 없습니다.

おこ　ひつよう
怒る必要はありません。

오꼬루 히쯔요-와 아리마셍

녹음을 듣고 소리내어 읽어보세요?

A: 駐車違反(ちゅうしゃいはん)の切符(きっぷ)を切(き)られちゃった。

츄-샤이한노 깁뿌오 기라레쨨따

B: それはお気(き)の毒(どく)に。

소레와 오키노 도꾸니

A: すごく怒(おこ)っているんだ。たった5分(ごふん)、車(くるま)を離(はな)れただけなんだよ。

스고꾸 오꼿떼 이룬다. 닷따 고훙, 구루마오 하나레따 다께난다요

B: うーん、規則(きそく)は規則(きそく)だわ。文句(もんく)を言(い)ってはダメよ。

우-웅, 키소꾸와 키소꾸다와. 몽꾸오 잇떼와 다메요

A: 주차 위반 딱지를 떼였어.

B: 그것 참 안됐군.

A: 화가 많이 났어. 겨우 5분 차를 떠났을 뿐이야.

B: 음, 규칙은 규칙이야. 불평하면 안 돼.

Check Point!

일본 사람들은 좀처럼 자신의 감정을 겉으로 드러내고 화를 내지 않습니다. 만약 화를 낸다면 상당히 화가 나있다고 볼 수 있습니다. 상대가 화가 나있거나 잘못하여 안절부절 못하고 있을 때 진정시키는 말로는 흔히 落ち着いてください(진정하세요)라고 합니다. 서로 감정이 상했을 때는 화해(仲直り)를 해야 하며, 그래야 사이좋게(仲よく) 지낼 수 있습니다.

Unit 14

슬프거나 외로울 때

Basic Expression

왠지 슬프군요.

なんだか悲(かな)しいですね。

난다까 가나시-데스네

정말로 상처받았어요.

本当(ほんとう)に傷付(きずつ)いたんですよ。

혼또-니 기즈쓰이딴데스요

傷つく (몸을) 다치다; 상처를 입다

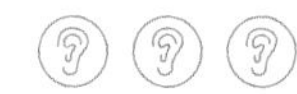

오늘은 쓸쓸하군요.

今日(きょう)は寂(さび)しいですね。

쿄-와 사비시-데스네

난 늘 외로워요.

わたしはいつも孤独(こどく)です。

와따시와 이쯔모 고도꾸데스

아무 것도 할 마음이 안 생겨요.

何(なに)もやる気(き)が起(お)きません。

나니모 야루 끼가 오끼마셍

やる気 ~을 할 마음; 하고 싶은 기분

왜 우울하세요?

どうして憂鬱(ゆううつ)ですか。

도-시떼 유-우쯔데스까

학습일 ／ □

Mini Talk

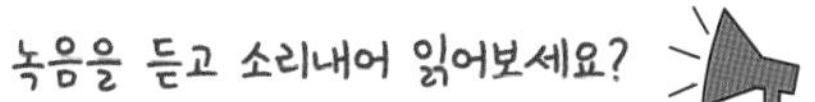
녹음을 듣고 소리내어 읽어보세요?

A: 今日(きょう)は何(なん)だか寂(さび)しいわ。

쿄-와 난다까 사비시-와

B: どうして?

도-시떼

A: ひとり暮(ぐ)らしだから、寂(さび)しいと思(おも)うこともあるわ。

히또리구라시다까라, 사비시-또 오모우 고또모 아루와

B: いつでも僕(ぼく)に電話(でんわ)していいよ。

이쯔데모 보꾸니 뎅와시떼 이-요

A: 오늘은 왠지 쓸쓸하네.

B: 왜?

A: 혼자 살다보니 외롭기도 해.

B: 아무 때나 나한테 전화해도 돼.

Check Point!

살다 보면 항상 기쁨만 있는 것이 아니라, 때로는 왠지 모르게 슬프거나(悲しい), 마음이 외롭거나(さびしい), 허무하고(むなしい), 우울할(ゆううつな) 때가 있습니다. 일본인은 자신의 감정을 드러내지 않는 것을 미덕으로 여기고 있습니다. 하지만 현대를 살아가는 사람에게 있어서 자신의 감정을 솔직하게 표현하는 것도 중요하다고 봅니다.

Unit 15

놀랍거나 무서울 때

Basic Expression

깜짝 놀랐어요.

びっくりしましたよ。

빅꾸리시마시다요

びっくりする 깜짝 놀라다

그럴 리가 없어요.

そんなはずはありません。

손나 하즈와 아리마셍

~はずがない ~할 리가 없다

그거 놀랍군요.

それは驚(おどろ)きましたね。

소레와 오도로끼마시따네

놀라게 하지 마세요.

びっくりさせないでよ。

빅꾸리 사세나이데요

びっくりさせる 깜짝 놀라게 하다

정말로 무섭군요.

本当(ほんとう)に恐(おそ)ろしいですね。

혼또-니 오소로시-데스네

뒤탈이 무서워요.

後(あと)のたたりが恐(おそ)ろしいですよ。

아또노 다따리가 오소로시-데스요

あとのたたり 뒤탈

학습일 / □

Mini Talk

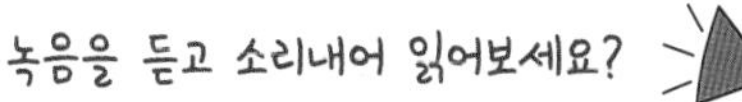
녹음을 듣고 소리내어 읽어보세요?

A: **田中(たなか)さんが結婚(けっこん)するのよ。**
다나까상가 겍꼰스루노요

B: **本当(ほんとう)? 知(し)らなかったよ。**
혼또-? 시라나깟따요

A: **結婚式(けっこんしき)は来週(らいしゅう)なの。**
겍꼰시끼와 라이슈-나노

B: **うわっ、信(しん)じられないよ!**
우왓, 신지라레나이요

A: 다나카 씨가 결혼해.

B: 정말? 몰랐어.

A: 결혼식은 다음 주야.

B: 우와, 믿을 수가 없어!

Check Point!

놀랐을 때는 びっくりした!(깜짝 놀랐어!), 驚いた!(놀랐어!)라고 표현합니다. 또한 しまった는 놀랐을 때나 실패하여 몹시 분할 때 내는 말로 우리말의 '아차, 아뿔싸, 큰일 났다' 등으로 해석이 가능합니다. 비슷한 표현으로는 たいへんだ(큰일이다)가 있습니다. 믿겨지지 않을 때 쓰이는 말로는 本当なの(정말이니?), 冗談でしょう(농담이겠죠?) 등이 있습니다.

Unit 16

걱정하거나 위로할 때

Basic Expression

괜찮아요?

だいじょうぶ
大丈夫ですか。

다이죠-부데스까

大丈夫 괜찮음; 걱정[관계, 문제]없음; 틀림없음

어디 몸이 불편하세요?

ぐあい わる
どこか具合が悪いんですか。

도꼬까 구아이가 와루인데스까

具合が悪い 상태가[형편이] 좋지 않다

무리하지 않는 게 좋겠어요.

むり
無理しないほうがいいですよ。

무리시나이 호-가 이-데스요

~ないほうがいい ~하지 않은 게 좋다

기분은 어때요?

きぶん
気分はどうですか。

기붕와 도-데스까

무슨 걱정거리라도 있어요?

なに しんぱいごと
何か心配事でもありますか。

나니까 심빠이고또데모 아리마스까

무슨 일이 있었어요?

なに
何かあったんですか。

나니까 앗딴데스까

학습일 ／ □

Mini Talk

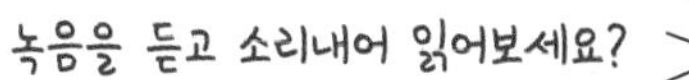
녹음을 듣고 소리내어 읽어보세요?

A: **先週(せんしゅう)、うちの猫(ねこ)が死(し)んだの。**

센슈-, 우찌노 네꼬가 신다노

B: **えっ、それはお気(き)の毒(どく)に。**

엣, 소레와 오키노 도꾸니

A: **10年近(じゅうねんちか)く飼(か)っていた猫(ねこ)なのよ。**

쥬-넨 치카꾸 갓떼 이따 네꼬나노요

B: **それは悲(かな)しいね。**

소레와 가나시-네

A: 지난주 우리 고양이가 죽었어.

B: 어, 그거 참 안됐군.

A: 10년 가까이 길렀던 고양이야.

B: 그거 슬프겠구나.

Check Point!

상대방에 대한 근심과 걱정을 이해하고 격려해 줄 수 있는 마음이 있어야 보다 깊이 있는 교제를 할 수 있습니다. 상대에게 ご心配事でもありますか(걱정거리라도 있으세요?)라고 물으면 자신에게 관심을 가져준 것에 대해 고맙게 여길 것입니다. 여기에 덧붙여 心配しなでよ(걱정하지 마세요)라고 위로를 해 준다면 친분이 더욱 돈독해질 것입니다.

감탄하거나 칭찬할 때

Basic Expression

정말로 멋지군요.

本当(ほんとう)に素晴(すば)らしいですね。

혼또-니 스바라시-데스네

야, 굉장하군요.

いや、すごいですね。

이야, 스고이데스네

すごい 굉장하다; 지독하다; 대단하다

정말 훌륭한 사람이군요.

本当(ほんとう)に偉(えら)い人(ひと)ですね。

혼또-니 에라이 히또데스네

대단하군요.

大(たい)したもんですね。

다이시따몬데스네

大した 대단한, 엄청난, 굉장한

훌륭합니다.

お見事(みごと)です。

오미고또데스

칭찬해 주셔서 고마워요.

お誉(ほ)めいただいてありがとう。

오호메 이따다이떼 아리가또-

お~いただいて ~받아서, ~해 주셔서

학습일 ／ □

Mini Talk

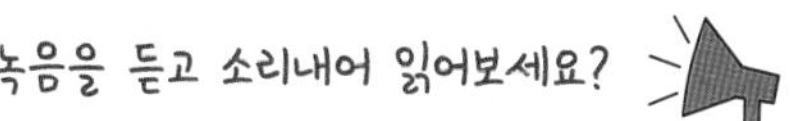
녹음을 듣고 소리내어 읽어보세요?

A: **新(あたら)しいネクタイ、とても似合(にあ)いますよ。**

아따라시- 네쿠타이, 도떼모 니아이마스요

B: **そうですか。ありがとう。**

소-데스까. 아리가또-

A: **冗談(じょうだん)じゃないですよ。よく似合(にあ)っています。**

죠-단쟈 나이데스요. 요꾸 니앗떼 이마스

B: **本当(ほんとう)ですか。そう言(い)ってくれて嬉(うれ)しいですね。**

혼또-데스까. 소- 잇떼 구레떼 우레시-데스네

A: 새 넥타이 무척 잘 어울려요.

B: 그래요? 고마워요.

A: 농담이 아니에요. 잘 어울려요.

B: 정말요? 그렇게 말해주니 기쁘군요.

Check Point!

기쁨과 즐거움은 지극히 자연스럽게 표출되는 인간의 감정입니다. 기쁜 일이나 즐거운 일이 있으면 うれしい(기쁘다), たのしい(즐겁다) 등으로 자신의 감정을 표현해봅시다. 또한 우리말에 너무 좋아서 죽겠다는 일본어 표현으로는 ~てたまらない가 있는데, 이것은 상태나 정도가 너무 지나쳐서 견딜 수 없다는 것을 나타냅니다.

Unit 18 사람을 부를 때

Basic Expression

저기요.

あのね。

아노네

말을 꺼낼 때 쓰는 말

이봐. 어딜 가는 거야?

おい、どこへ行(い)くんだ。

오이, 도꼬에 이꾼다

おい 친한 사이나 아랫사람을 부를 때 쓰는 말 : 여봐; 이봐

저, 미안합니다.

あの、すみません。

아노, 스미마셍

あの 생각이나 말이 막혔을 때 내는 소리 : 저

여보세요.

もしもし。

모시모시

もしもし 상대를 부를 때 말

잠깐 실례해요.

ちょっとすみません。

춋또 스미마셍

すみません은 사람을 부를 때 일반적으로 쓰이는 말이다

잠깐만요.

ちょっと待(ま)って。

춋또 맛떼

ちょっと待ってください 잠깐 기자려 주세요

학습일 ／ □

Mini Talk

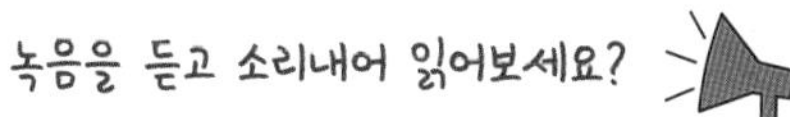
녹음을 듣고 소리내어 읽어보세요?

A: **すみません。**
스미마셍

B: **はい。**
하이

A: **この席(せき)に座(すわ)ってもいいですか。**
고노 세끼니 스왓떼모 이-데스까

B: **ええ、わたしのかばんを動(うご)かしますね。**
에-, 와따시노 가방오 우고까시마스네

A: 실례합니다.

B: 네.

A: 이 자리에 앉아도 될까요?

B: 예, 네 가방을 옮길게요.

Check Point!

서로 아는 사이라면 이름이나 직책, 호칭으로 표현하지만, 모르는 사람을 부를 때는 보통 すみません(실례합니다)라고 합니다. 하지만 상대의 이름만을 부를 때는 무척 친한 사이에만 쓸 수 있으므로 친근한 사이가 아니면 실례가 됩니다. 또한 상대와 대화를 원할 때는 상대의 사정을 살피며 お暇ですか(시간 있으세요?)라고 하면 됩니다.

Unit 19

맞장구칠 때

Basic Expression

맞아요.

そのとおりです。

소노 도-리데스

상대의 말에 긍정적인 맞장구

그러면 좋겠군요.

そうだといいですね。

소-다또 이-데스네

그랬어요?

そうでしたか。

소-데시다까

그래요, 그거 안됐군요.

そうですか、それはいけませんね。

소-데스까, 소레와 이께마센네

いけない 안되다, 좋지 않다, 나쁘다

그래요, 몰랐어요.

そうですか、知(し)りませんでした。

소-데스까, 시리마센데시다

나도 그렇게 생각해요.

わたしもそう思(おも)いますね。

와따시모 소- 오모이마스네

학습일 ／ □

Mini Talk

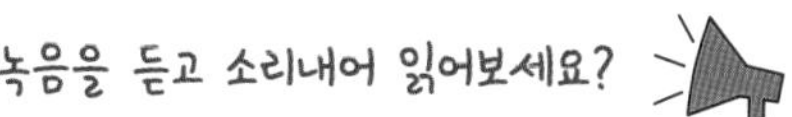
녹음을 듣고 소리내어 읽어보세요?

A: **きのう、このくらいの大(おお)きな魚(さかな)を捕(つか)まえたんだ。**

기노-, 고노 쿠라이노 오-끼나 사까나오 쓰까마에땁다

B: **冗談(じょうだん)でしょ。**

죠-단데쇼

A: **本当(ほんとう)だよ。**

혼또-다요

B: **本当(ほんとう)? うらやましい。**

혼도-? 우라야마시-

A: 어제, 이 정도 큰 물고기를 잡았어.

B: 농담이겠지.

A: 정말이야.

B: 정말? 부럽다.

Check Point!

맞장구는 상대 이야기를 잘 듣고 있으니 계속 하라는 의사 표현의 하나로 주로 쓰이는 자연스런 맞장구로는 そうですか, なるほど, そのとおりです 등이 있습니다. そうですか는 상대의 말에 적극적인 관심을 피력할 때 쓰이며, 친구나 아랫사람이라면 가볍게 끝을 올려서 そう?나 そうなの?로 표현하면 적절한 맞장구가 됩니다.

Unit 20 되물을 때

Basic Expression

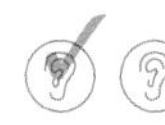

네?

はい?

하이

끝을 올려 말한다

뭐라고요?

何(なん)ですって?

난데슷떼

상대방의 말을 반문하면서 그따위 일은 있을 수 없다는 뜻으로 쓰임

뭐요?

何(なに)?

나니

뭐라고 하셨어요?

何(なん)とおっしゃいましたか。

난또 옷샤이마시다까

おっしゃる 말씀하시다

무슨 일이에요?

何(なん)でしょうか。

난데쇼-까

저 말이에요?

わたしのことですか。

와따시노 고또데스까

학습일 ／ □

Mini Talk

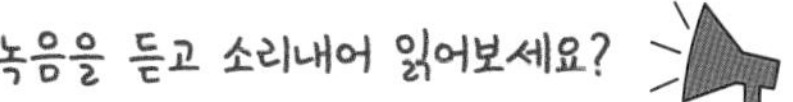
녹음을 듣고 소리내어 읽어보세요?

A: すみません。何(なん)と言(い)ったのですか。

스미마셍. 난또 잇따노데스까

B: もう一度(いちど)、言(い)いましょうか。

모- 이찌도, 이이마쇼-까

A: ええ、もう一度(いちど)説明(せつめい)してください。

에-, 모- 이찌도 세쯔메-시떼 구다사이

B: じゃ、よく聞(き)いてください。

쟈, 요꾸 기이떼 구다사이

A: 미안해요. 뭐라고 하셨죠?

B: 다시 한 번 말할까요?

A: 예, 다시 한 번 설명해주세요.

B: 그럼, 잘 들으세요.

Check Point!

수업 시간 이외에 일상생활에서도 궁금한 점이 있으면 질문하기 마련입니다. 상황에 따라 적절한 질문의 요령을 익히도록 합시다. 또한 외국어를 우리말처럼 알아듣고 이해한다는 것은 쉬운 일이 아닙니다. 상대의 말이 빠르거나 발음이 분명하게 들리지 않을 때, 또는 이해하기 힘들 때 실례가 되지 않도록 정중하게 다시 한 번 말해달라고 부탁하는 표현도 함께 익힙시다.

Unit 21

질문할 때

Basic Expression

하나 더 질문이 있습니다.

もう一(ひと)つ、質問(しつもん)があります。

모- 히또쯔, 시쯔몽가 아리마스

그건 무슨 뜻이에요?

それはどういう意味(いみ)ですか。

소레와 도-유- 이미데스까

네, 그래요.

はい、そうです。

하이, 소-데스

네, 알겠어요.

はい、わかりました。

하이, 와까리마시다

아뇨, 그렇지 않아요.

いいえ、そうじゃありません。

이-에, 소-쟈 아리마셍

아뇨, 달라요.

いいえ、違(ちが)います。

이-에, 치가이마스

학습일 ／ □

Mini Talk

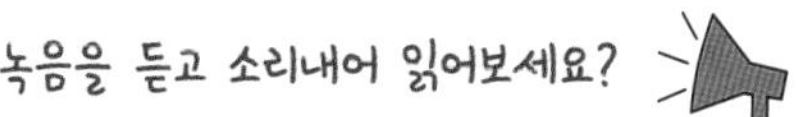
녹음을 듣고 소리내어 읽어보세요?

A: 質問(しつもん)してもいいですか。

시쯔몬시떼모 이-데스까

B: どうぞ、何(なん)ですか。

도-조, 난데스까

A: ナウいってどういう意味(いみ)ですか。

나우잇떼 도-유- 이미데스까

B: それは現代的(げんだいてき)だという意味(いみ)です。

소레와 겐다이테끼다또 이우 이미데스

A: 질문해도 될까요?

B: 하세요, 뭐죠?

A: ナウい란 무슨 뜻이죠?

B: 그건 현대적이라는 뜻이에요.

Check Point!

다른 사람의 말을 긍정할 때는 そうです(그렇습니다), 부정할 때는 ちがいます(아닙니다)라고 합니다. 흔히 そうです의 부정형인 そうではありません(그렇지 않습니다)이라고 하기 쉬우나 そうではありません은 좀 더 구체적으로 지적해서 부정할 때 쓰며, 단순히 사실과 다르다고 할 때는 ちがいます라고 합니다.

Unit 22 부탁할 때

Basic Expression

부탁드려도 될까요?

お願(ねが)いしてもいいですか。

오네가이 시떼모 이-데스까

~てもいいですか ~해도 될까요?

부탁이 있는데요.

お願(ねが)いがあるんですが。

오네가이가 아룬데스가

잠깐 괜찮아요?

ちょっといいですか。

촛또 이-데스까

좀 도와줄래요?

ちょっと手伝(てつだ)ってくれますか。

촛또 데쓰닷떼 구레마스까

~てくれる ~해주다

예, 그러세요.

ええ、どうぞ。

에-, 도-조

どうぞ 상대에게 무엇을 권하거나 부탁하는 기분을 나타내는 완곡하고 공손한 말

좀 생각해 볼게요.

ちょっと考(かんが)えておきます。

촛또 강가에떼 오끼마스

~ておく ~해두다

녹음을 듣고 소리내어 읽어보세요?

A: お願(ねが)いしたいことがあるのですが。

오네가이시따이 고또가 아루노데스가

B: 何(なん)でしょうか。

난데쇼-까

A: ちょっと言(い)いにくいんです。

촛또 이이니꾸인데스

B: かまいませんよ。何(なん)なりと言(い)ってください。

가마이마셍요. 난나리또 잇떼 구다사이

A: 부탁드리고 싶은 게 있는데요.

B: 뭐죠?

A: 좀 말하기 곤란한데요.

B: 괜찮아요. 무엇이든 말하세요.

Check Point!

무언가를 부탁할 때 가장 많이 쓰이는 표현으로는 お願いします(부탁합니다)가 있으며, 그밖에 요구 표현인 ~てください(~해 주세요) 등이 있습니다. 하지만 ~てください는 상대에게 직접적으로 행동할 것을 요구하는 것이므로 경우에 따라서는 불쾌감을 줄 수 있으므로 상대의 기분을 거슬리지 않는 ~ていただけませんか 등처럼 완곡한 표현을 쓰는 것이 좋습니다.

제안하거나 권유할 때

Basic Expression

제안이 하나 있는데요.

ひと　　ていあん
一つ提案があるんですが。

히또쯔 테-앙가 아룬데스가

좋은 생각이 있는데요.

かんが
いい考えがあるんですが。

이- 강가에가 아룬데스가

이런 식으로 해보면 어떨까요?

こんなふうにしてみたらどうですか。

곤나 후-니 시떼 미따라 도-데스까

~てみたらどうですか ~해보면 어떨까요?

이건 어떻습니까?

これはいかがですか。

고레와 이까가데스까

물론이죠.

もちろんです。

모찌론데스

아뇨, 됐어요.

けっこう
いいえ、結構です。

이-에, 겍꼬데스

けっこう 괜찮음; 이제 됐음(정중하게 사양하는 뜻으로도 씀)

학습일 ／ □

Mini Talk

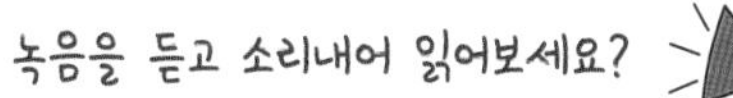
녹음을 듣고 소리내어 읽어보세요?

A: お茶(ちゃ)をどうぞ。

오챠오 도-조

B: これは何(なん)のお茶(ちゃ)ですか。

고레와 난노 오챠데스까

A: 中国(ちゅうごく)の茶(ちゃ)ですよ。

츄-고꾸노 오챠데스요

B: どうも。香(かお)りも味(あじ)もいいですね。

도-모. 가오리모 아지모 이-데스네

A: 차 좀 드세요.

B: 이건 무슨 차예요?

A: 중국차예요.

B: 고마워요. 향기도 맛도 좋군요.

Check Point!

권유나 제안을 할 때는 どうですか(어떠세요?)와 いかがですか(어떠십니까?)라고 합니다. 또한 행위에 대한 권유나 제안을 할 때는 ~ましょうか(~할까요?)나 ~するのはどうですか(~하는 게 어때요?)가 쓰입니다. 권유나 제안을 받아들일 때는 よろこんで(기꺼이)라고 하며, 거절할 때는 そうできればいいんだけど(그렇게 할 수 있었으면 좋겠는데)라고 말합니다.

이해했는지 묻고 답할 때

Basic Expression

이제 알겠어요?

これでわかりますか。

고레데 와까리마스까

わかる 판단·이해할 수 있다

말하는 것을 알겠어요?

言(い)っていることがわかりますか。

잇떼이루 고또가 와까리마스까

그렇군요, 알겠어요.

なるほど、わかります。

나루호도, 와까리마스

なるほど (남의 주장을 긍정할 때나, 상대방 말에 맞장구 치며) 정말; 과연

모르겠어요.

わかりません。

와까리마셍

잘 모르겠어요.

よくわからないのです。

요꾸 와까라나이노데스

정말로 몰라요.

本当(ほんとう)に知(し)らないんです。

혼또-니 시라나인데스

知る 알다

Mini Talk

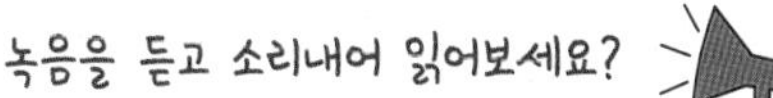
녹음을 듣고 소리내어 읽어보세요?

A: わたしの言(い)うことはわかりましたか。
와따시노 이우 고또와 와까리마시다까

B: わかりました。
와까리마시다

A: じゃ、お手数(てすう)をおかけします。
쟈, 오떼스-오 오카께시마스

B: はい、わたしが彼女(かのじょ)に話(はな)しておきます。
하이, 와따시가 카노죠니 하나시떼 오끼마스

A: 제가 말한 것을 알겠어요?

B: 알았어요.

A: 그럼, 부탁할게요.

B: 네, 내가 그녀에게 말해둘게요.

Check Point!

わかる는 듣거나 보거나 해서 이해하는 의미로 쓰이며, 知る는 학습이나 외부로부터의 지식을 획득하여 안다는 의미로 쓰입니다. 흔히 '알겠습니다'의 표현으로 わかりました를 쓰지만, 상사나 고객에게는 承知しました나 かしこまりました를 쓰는 것이 좋다. 또한 그 반대 표현인 '모르겠습니다'도 わかりません이 아니라 わかりかねます라고 하는 것이 좋습니다.

의견을 묻고 답할 때

Basic Expression

당신은 어떻게 생각하세요?

あなたはどう思(おも)いますか。

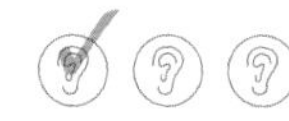

아나따와 도- 오모이마스까

당신의 의견은 어때요?

あなたの意見(いけん)はどうですか。

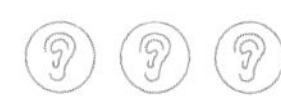

아나따노 이껭와 도-데스까

제 생각을 말할게요.

わたしの考(かんが)えを言(い)わせてください。

와따시노 강가에오 이와세떼 구다사이

~せてください ~하게 해 주세요 , (제가) ~할게요

제 의견을 말씀드릴게요.

わたしの意見(いけん)を申(もう)し上(あ)げます。

와따시노 이껭오 모-시아게마스

申し上げる 말씀드리다

그렇게 생각해요.

そう思(おも)います。

소- 오모이마스

그렇게 생각하지 않아요.

そう思(おも)いません。

소- 오모이마셍

녹음을 듣고 소리내어 읽어보세요?

A: ちょっとご相談(そうだん)したい問題(もんだい)があるのですが。

촛또 고소-단시따이 몬다이가 아루노데스가

B: どんなことでしょうか。

돈나 고또데쇼-까

A: この書類(しょるい)は少(すこ)し直(なお)せないでしょうか。

고노 쇼루이와 스꼬시 나오세나이데쇼-까

B: そうですか。どこをですか。

소-데스까. 도꼬오데스까

A: 잠깐 의논드리고 싶은 문제가 있는데요.

B: 어떤 거죠?

A: 이 서류는 좀 고칠 수 없을까요?

B: 그래요? 어디를 말입니까?

Check Point!

~についてどう思いますか(~에 대해서 어떻게 생각하세요?)는 뭔가에 대해서 상대의 견해를 묻는 가장 기본적인 표현입니다. 그밖에 ご意見はいかがですか(의견은 어떠십니까?) 등이 있습니다. 이에 대해 자신의 의견이나 견해를 말하고자 할 때는 먼저 私の考えでは, ~(내 생각은, ~) 등으로 서두를 꺼내고 하고 싶은 말을 연결하면 됩니다.

PART 01 실력 체크!

★ 앞에서 배운 대화 내용입니다. 한글을 영어로 말해보세요. 잘 모르시겠다고요? 걱정마세요. 녹음이 있잖아요. 그리고 정답은 각 유닛에서 확인하세요.

01 A: 山田さん、안녕하세요?
B: ああ、木村さん、こんにちは。お出かけですか。

02 A: 行っていらっしゃい。
B: 다녀올게요.

03 A: 木村さん、잘 지내세요?
B: はい、お陰さまで元気です。あなたは?

04 A: 吉村さん、こちらは田中さんです。
B: 처음 뵙겠습니다. 田中です。잘 부탁합니다.

05 A: やあ、오랜만이네요.
B: お久しぶりです。お元気でしたか。

06 A: 이만 가 봐야겠어요.
B: あ、もう10時ですか。

07 A: 친절을 베풀어주셔서 감사했습니다.
B: お役に立てて、うれしいです。

08 A: あっ、미안해요. 大丈夫ですか。
B: ええ、わたしは大丈夫です。

09 A: ご昇進、축하해요.
B: ありがとうございます。どこで聞いたんですか。

10 A: 한국에 오신 것을 환영합니다.
B: はい、どうも。

11 A: 新年、おめでとう。
B: 새해 복 많이 받으세요.

12 B: 本当? ファンレターを書いたの?
A: ええ、それに返事をくれたのよ。엄청 기뻐.

13 A: 화가 많이 났어. たった5分ふん、車を離れただけなんだよ。
B: うーん、規則は規則だわ。文句を言ってはダメよ。

14 A: 오늘은 왠지 쓸쓸하네.
B: どうして?

15 A: 結婚式は来週なの。
B: うわっ、믿겨지지 않아.

16 A: 先週、うちの猫が死んだの。
B: えっ、그거 참 안됐군.

17 A: 新しいネクタイ、무척 잘 어울려요.
B: そうですか。ありがとう。

18 A: 실례합니다.
B: はい。

19 A: きのう、このくらいの大きな魚を捕まえたんだ。
B: 농담이겠지.

20 A: すみません。뭐라고 하셨죠?
B: もう一度、言いましょうか。

21 A: 질문해도 될까요?
B: どうぞ、何ですか。

22 A: 부탁드리고 싶은 게 있는데요.
B: 何でしょうか。

23 A: 차 좀 드세요.
B: これは何のお茶ですか。

24 A: 제가 말한 것을 알겠어요?
B: わかりました。

25 A: 잠깐 의논드리고 싶은 문제가 있는데요.
B: どんなことでしょうか。

화제 · 취미 · 여가 표현

시간에 대해 말할 때

Basic Expression

지금 몇 시입니까?

なんじ

いま、何時ですか。

이마, 난지데스까

何分(なんぷん) 몇 분 / 何秒(なんびょう) 몇 초

10시 5분전입니다.

じゅうじ ごふんまえ

10時5分前です。

쥬-지 고훔마에데스

ちょうど 꼭; 정확히

9시 15분이 지났어요.

くじ じゅうごふん す

9時15分過ぎです。

쿠지 쥬-고훈 스기데스

-すぎ (때를 나타내는 名詞에 붙어) 지나감

몇 시에 약속이 있어요?

なんじ やくそく

何時に約束がありますか。

난지니 약소꾸가 아리마스까

이제 갈 시간이에요.

い じかん

もう行く時間ですよ。

모- 이꾸 지깐데스요

시간이 없어요.

じかん

時間がありませんよ。

지깡가 아리마셍요

녹음을 듣고 소리내어 읽어보세요?

A: 今(いま)、何時(なんじ)ですか。

이마, 난지데스까

B: 2時(にじ)5分(ごふん)前(まえ)です。

니지 고훙 마에데스

A: 何時(なんじ)の飛行機(ひこうき)だと言(い)いましたっけ?

난지노 히꼬-끼다또 이이마시딱께

B: 5時(ごじ)半(はん)の飛行機(ひこうき)です。

고지 한노 히꼬-끼데스

A: 지금 몇 시입니까?

B: 2시 5분전입니다.

A: 몇 시 비행기라고 했죠?

B: 5시 반 비행기입니다.

Check Point!

때에 관한 표현은 일상생활에서 언제 어디서든 입에서 술술 나올 때까지 익혀 두어야 합니다. 시간을 물을 때는 何時ですか(몇 시입니까?)라고 하며, 이에 대한 응답으로는 정각이면 ちょうど를 쓰고 정각을 지났을 때는 すぎ를 써서 표현합니다. 참고로 시간을 말할 때 時(시)는 じ로, 分(분)은 ふん, ぷん으로 읽으며, 秒(초)는 びょう로 읽습니다.

날짜와 요일에 대해 말할 때

Basic Expression

오늘은 며칠입니까?

きょう　なんにち
今日は何日ですか。

쿄-와 난니찌데스까

きのう어제 / あした 내일

오늘은 무슨 요일입니까?

きょう　なんようび
今日は何曜日ですか。

쿄-와 낭요-비데스까

日(にち) 月(げつ) 火(か) 水(すい) 木(もく) 金(きん) 土(ど)

오늘은 몇 월 며칠입니까?

きょう　なんがつなんにち
今日は何月何日ですか。

쿄-와 낭가쯔 난니찌데스까

당신의 생일은 언제입니까?

たんじょうび
あなたの誕生日はいつですか。

아나따노 탄죠-비와 이쯔데스까

몇 년생이세요?

なんねん　う
何年の生まれですか。

난넨노 우마레데스까

무슨 띠이세요?

なにどし
何年ですか。

나니도시데스까

Mini Talk

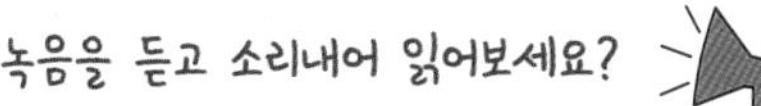
녹음을 듣고 소리내어 읽어보세요?

A: **お誕生日(たんじょうび)はいつですか。**

오딴죠-비와 이쯔데스까

B: **4月1日(しがつついたち)です。**

시가쯔 쓰이타찌데스

A: **エイプリルフールですね。**

에이프리루후-루데스네

B: **はい、それでみんな信(しん)じてくれないんです。**

하이, 소레데 민나 신지데 구레나인데스

A: 생일은 언제입니까?

B: 4월 1일입니다.

A: 만우절이군요.

B: 네, 그래서 다들 믿어주지 않아요.

Check Point!

1월부터 12월까지 말할 때는 月(がつ), 요일을 말할 때는 曜日(ようび), 1일부터 10일까지, 14일, 20일, 24일은 고유어로 읽으며 나머지는 한자음으로 읽습니다. 월, 요일 또는 날짜를 물을 때는 의문사 何를 써서 何月(なんがつ 몇 월), 何曜日(なんようび 무슨 요일), 何日(なんにち 며칠)라고 묻고, 연도를 물을 때는 何年(なんねん 몇 년)이라고 하면 됩니다.

날씨에 대해 말할 때

Basic Expression

오늘은 날씨가 어때요?

今日(きょう)はどんな天気(てんき)ですか。

쿄-와 돈나 텡끼데스까

주말 날씨는 어때요?

週末(しゅうまつ)の天気(てんき)はどうですか。

슈-마쯔노 텡끼와 도-데스까

月末(げつまつ) 월말 / 年末(ねんまつ) 연말

점점 따뜻해지는군요.

だんだん暖(あたた)かくなってきましたね。

단당 아따따까꾸낫떼 기마시따네

あたたかい는 줄여서 あったかい라고도 한다

오늘은 상당히 덥군요.

今日(きょう)はなかなか暑(あつ)いですね。

쿄-와 나까나까 아쯔이데스네

시원해서 기분이 좋군요.

涼(すず)しくて気持(きも)ちがいいですね。

스즈시꾸떼 기모찌가 이-데스네

추워졌어요.

寒(さむ)くなりましたね。

사무꾸 나리마시따네

형용사 ~くなる ~해지다

학습일 ／ □

Mini Talk

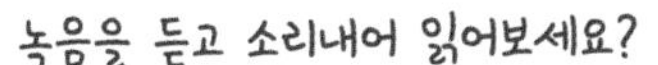
녹음을 듣고 소리내어 읽어보세요?

A: **暑(あつ)いですね。**

아쯔이데스네

B: **うん、今年(ことし)の夏(なつ)は本当(ほんとう)に暑(あつ)いですね。**

웅, 고또시노 나쯔와 혼또-니 아쯔이데스네

A: **ムシムシしていますね。**

무시무시시떼 이마스네

B: **雨(あめ)が降(ふ)るのか、今日(きょう)はさらにひどいですね。**

아메가 후루노까, 쿄-와 사라니 히도이데스네

A: 덥군요.

B: 예, 올 여름은 정말로 덥군요.

A: 푹푹 쪄요.

B: 비가 오려는지 오늘은 더 심하네요.

Check Point!

평소 나누는 관용적인 인사 표현 대신에 날씨에 관련된 표현으로 인사를 합니다. 봄에는 暖かいですね(따뜻하군요), 여름에는 暑いですね(덥군요), 무더울 때는 蒸し暑いですね(무덥군요), 가을에는 涼しいですね(시원하군요)라고, 겨울에는 寒いですね(춥군요)라고도 하지만 ひえますねぇ라고 하면 아주 한겨울의 추위가 뼛속까지 스며드는 느낌이 듭니다.

계절에 대해 말할 때

Basic Expression

이제 곧 따뜻한 봄이군요.

もうすぐ暖(あたた)かい春(はる)ですね。

모- 스구 아따따까이 하루데스네

장마가 들었어요.

梅雨(つゆ)に入(はい)りましたよ。

쓰유니 하이리마시다요

つゆ(=ばいう)があける 장마가 걷히다

이제 무더운 여름도 막바지이군요.

もう蒸(む)し暑(あつ)い夏(なつ)も終(お)わりですね。

모- 무시아쯔이 나쯔모 오와리데스네

시원한 가을이 되었군요.

涼(すず)しい秋(あき)になりましたね。

스즈시- 아끼니 나리마시따네

명사 ~になる ~이(가) 되다

드디어 추운 겨울이군요.

いよいよ寒(さむ)い冬(ふゆ)ですね。

이요이요 사무이 후유데스네

春夏秋冬(しゅんかしゅうとう) 춘하추동

해가 무척 짧아졌어요.

すっかり日(ひ)が短(みじか)くなりました。

슥까리 히가 미지카꾸 나리마시다

Mini Talk

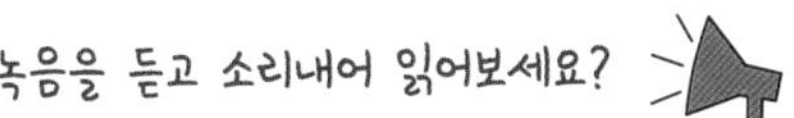
녹음을 듣고 소리내어 읽어보세요?

A: 春(はる)が待(ま)ち遠(どお)しいですね。

하루가 마찌도-시-데스네

B: 今年(ことし)の冬(ふゆ)はとても長(なが)かったですからね。

고또시노 후유와 도떼모 나가깟따데스까라네

A: ええ、それにひどく寒(さむ)かったでしょう。

에-, 소레니 히도꾸- 사무깟따데쇼-

B: ええ、去年(きょねん)の冬(ふゆ)に比(くら)べて雪(ゆき)も多(おお)かったです。

에-, 쿄넨노 후유니 구라베떼 유끼모 오-깟따데스

A: 봄이 기다려져요.

B: 올 겨울을 무척 길었으니까요.

A: 예, 게다가 몹시 추웠죠.

B: 예, 작년 겨울에 비해 눈도 많았어요.

Check Point!

일본의 봄은 3월에 시작되며 사람들은 TV의 일기예보에 귀를 기울이며 내 고장에 언제 벚꽃이 필까를 손꼽아 기다립니다. 여름은 5월부터 9월초까지이며 초여름은 짧으며 맑고 따뜻합니다. 이어지는 장마 동안에는 거의 매일 비가 옵니다. 가을에는 가끔 비가 오지만 날씨는 점점 건조하고 서늘해지며 강풍과 태풍을 겪기도 합니다. 그러면 단풍이 들게 됩니다.

학교에 대해 말할 때

Basic Expression

어느 학교를 나왔어요?

がっこう　で
どちらの学校を出ましたか。

도찌라노 각꼬-오 데마시다까

어느 대학을 다니고 있어요?

だいがく　い
どちらの大学に行っていますか。

도찌라노 다이가꾸니 잇떼 이마스까

小(しょう) 中(ちゅう) 高等学校(こうとうがっこう) 초 중 고등학교

전공은 무엇이에요?

せんこう　なん
専攻は何ですか。

셍꼬-와 난데스까

무엇을 전공하셨어요?

なに　せんこう
何を専攻なさいましたか。

나니오 셍꼬- 나사이마시다까

なさる 하시다

몇 학년이에요?

なんねんせい
何年生ですか。

난넨세-데스까

一年生(いちねんせい) 1학년

학생이세요?

がくせい
学生さんですか。

각세-산데스까

学生 학생 ; 특히 대학생 / 生徒(せいと) 초중고 학생

Mini Talk

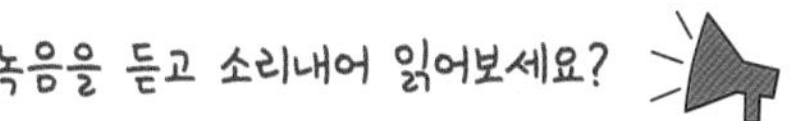
녹음을 듣고 소리내어 읽어보세요?

A: どちらの大学(だいがく)を出(で)ましたか。
도찌라노 다이가꾸오 데마시다까

B: 去年(きょねん)、慶應大学(けいおうだいがく)を卒業(そつぎょう)しました。
쿄넹, 케-오-다이가꾸오 소쯔교-시마시다

A: 大学(だいがく)で何(なに)を専攻(せんこう)したのですか。
다이가꾸데 나니오 셍꼬-시따노데스까

B: 経営学(けいえいがく)です。
케-에-가꾸데스

A: 어느 대학을 나왔어요?

B: 작년에 게이오 대학을 졸업했습니다.

A: 대학에서 무엇을 전공했어요?

B: 경영학입니다.

Check Point!

일본도 우리와 마찬가지로 초등학교(小学校), 중학교(中学校), 교등학교(高校), 대학교(大学)가 있습니다. 상대가 학생처럼 보일 경우 학생이냐고 물을 때는 보통 学生さんですか, 학년을 물을 때는 何年生ですか라고 합니다. 어느 학교를 졸업했는지를 물을 때는 どこの学校を出ましたか라고 하고, 전공에 대해서 물을 때는 専攻は何ですか라고 물으면 됩니다.

학교생활에 대해 말할 때

Basic Expression

무슨 동아리에 들었어요?

なん　　　　　はい

何のクラブに入ってるんですか。

난노 쿠라부니 하잇떼룬데스까

クラブ 클럽, 동아리

무슨 아르바이트를 하죠?

なん

何のアルバイトをしているんですか。

난노 아루바이토오 시떼 이룬데스까

언제부터 중간고사가 시작되어요?

ちゅうかん　　　はじ

いつから中間テストが始まりますか。

이쯔까라 츄-깐 테스토가 하지마리마스까

내일부터 기말시험이에요.

きまつしけん

あしたから期末試験です。

아시타까라 기마쯔시껭데스

試験を受(う)ける 시험을 보다

이번 시험은 어땠어요?

こんど　しけん

今度の試験はどうでしたか。

곤도노 시껭와 도-데시다까

試験に落(お)ちる 시험에 떨어지다 ↔ 試験に受(う)かる 시험에 붙다

졸업하면 어떻게 할 거예요?

そつぎょう

卒業したらどうするんですか。

소쯔교-시따라 도- 스룬데스까

녹음을 듣고 소리내어 읽어보세요?

A: 今度(こんど)の試験(しけん)はどうでしたか。

곤도노 시껭와 도-데시다까

B: 思(おも)ったよりなかなか難(むずか)しかったですよ。

오못따요리 나까나까 무즈까시깟따데스요

A: 卒業(そつぎょう)したらどうするんですか。

소쯔교-시따라 도- 스룬데스까

B: 貿易会社(ぼうえきがいしゃ)に入(はい)りたいんです。

보-에끼가이샤니 하이리따인데스

A: 이번 시험은 어땠어요?

B: 생각보다 상당히 어려웠어요.

A: 졸업하면 어떻게 할 거예요?

B: 무역회사에 들어가고 싶어요.

Check Point!

일본어의 학습기관은 일본어 교육기관인 일본어학교와 국제교류협회나 자원봉사 단체 등이 개최하는 일본어 교실, 일본어 강좌가 있습니다. 일본어를 모국어로 하지 않는 사람을 대상으로 일본어의 능력을 측정하기 위한 다양한 검정시험이 있습니다. 현재의 실력을 확인하고 진학이나 취직을 할 때 자신의 일본어 능력을 어필하는 데 이용할 수도 있습니다.

직장에 대해 말할 때

Basic Expression

당신은 회사원이세요?

あなたは会社員(かいしゃいん)ですか。

아나따와 카이샤인데스까

サラリーマン 샐러리맨

어느 회사에 근무하세요?

どの会社(かいしゃ)に勤(つと)めていますか。

도노 카이샤니 쓰또메떼 이마스까

~に勤める ~에 근무하다

사무실은 어디에 있어요?

オフィスはどこですか。

오휘스와 도꼬데스까

회사는 어디에 있어요?

会社(かいしゃ)はどこにあるんですか。

카이샤와 도꼬니 아룬데스까

이 회사에 근무합니다.

この会社(かいしゃ)に勤(つと)めています。

고노 카이샤니 쓰또메떼 이마스

이 회사에서 영업을 하고 있습니다.

この会社(かいしゃ)で営業(えいぎょう)をやっています。

고노 카이샤데 에-교-오 얏떼 이마스

Mini Talk

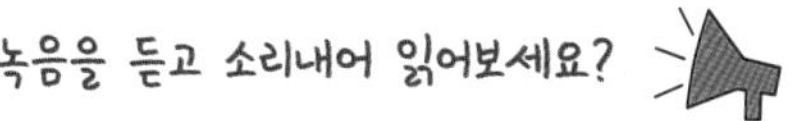
녹음을 듣고 소리내어 읽어보세요?

A: どのような会社(かいしゃ)で働(はたら)いているのですか。

도노요-나 카이샤데 하따라이떼 이루노데스까

B: 貿易会社(ぼうえきがいしゃ)で働(はたら)いています。

보-에끼가이샤데 하따라이떼 이마스

A: 会社(かいしゃ)はどこにあるんですか。

카이샤와 도꼬니 아룬데스까

B: 新宿駅(しんじゅくえき)の東口(ひがしぐち)にあります。

신쥬꾸에끼노 히가시구찌니 아리마스

A: 어떤 회사에서 일하고 있나요?

B: 무역회사에서 일하고 있습니다.

A: 회사는 어디에 있나요?

B: 신주쿠 역 동쪽출구에 있습니다.

Check Point!

직업 분류에는 크게 会社員(かいしゃいん)과 自営業(じえいぎょう)으로 나눌 수 있습니다. 공무원을 役人(やくにん)이라고도 하며, 회사원을 サラリーマン이라고 합니다. 자신이 속해 있는 사람을 외부 사람에게 말을 할 경우에는 우리와는 달리 자신의 상사라도 높여서 말하지 않습니다. 단, 직장 내에서 호출을 할 때 상사인 경우에는 さん을 붙여 말합니다.

직장생활에 대해 말할 때

Basic Expression

자, 일을 시작합시다.

し ごと　　はじ
さあ、仕事を始めましょう。

사-, 시고또오 하지메마쇼-

잠깐 쉽시다.

やす
ひと休みしましょう。

히또야스미 시마쇼-

ひと休み 잠깐 쉼

곧 점심시간이에요.

ちゅうしょく　じ かん
そろそろ昼食の時間ですよ。

소로소로 츄-쇼꾸노 지깐데스요

朝食(ちょうしょく) 아침식사 ↔ 夕食(ゆうしょく) 저녁식사

먼저 갈게요.

さき　しつれい
お先に失礼します。

오사끼니 시쯔레-시마스

수고하셨습니다. 내일 또 봐요!

つか　　　　　　　　　あした
お疲れさまでした。また明日!

오쓰까레사마데시다. 마따 아시따

퇴근길에 식사라도 할까요?

かえ　しょくじ
帰りに食事でもしましょうか。

가에리니 쇼꾸지데모 시마쇼-까

Mini Talk

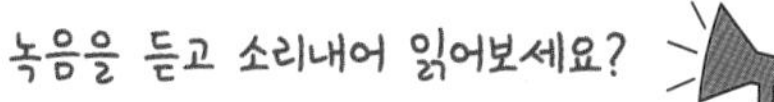
녹음을 듣고 소리내어 읽어보세요?

A: わたし、お先(さき)に失礼(しつれい)します。
와따시, 오사끼니 시쯔레-시마스

B: もうですか。今日(きょう)は早(はや)いですね。デートでしょう。
모-데스까. 쿄-와 하야이데스네. 데-토데쇼-

A: いいえ、仕事(しごと)が早(はや)くあがっただけですよ。
이-에, 시고또가 하야꾸 아갓따다께데스요

B: お疲(つか)れさまでした。でも、何(なん)か怪(あや)しいね。
오쓰까레사마데시다. 데모, 낭까 아야시-네

A: 저 먼저 실례할게요.

B: 벌써요? 오늘은 빠르네요. 데이트겠죠?

A: 아니요, 일이 빨리 끝났을 뿐이에요.

B: 수고했어요. 근데 뭔가 수상해.

Check Point!

일본의 최대 연휴는 ゴールデンウィーク(Golden Week)입니다. 4월 29일 緑の日(쇼와왕의 생일로 왕의 사후 명칭을 바꿔 휴일로 계속 지정), 5월 3일 헌법기념일, 5월 4일 국민의 날, 5월 5일 어린이날로 이어지는 대표적 연휴 기간입니다. 주말 연휴와 연결될 경우 해에 따라서는 5~9일간의 연휴로 이어집니다. 대부분의 기업체는 물론, 관공서, 학교 등이 휴무 상태입니다.

가족에 대해 말할 때

Basic Expression

가족은 몇 분이세요?

なんにん　か　ぞく
何人家族ですか。

난닝 카조꾸데스까

형제자매는 있으세요?

きょうだい　し　まい
兄弟姉妹はおありですか。

쿄-다이 시마이와 오아리데스까

おありですか는 ありますか의 존경 표현이다

형제는 몇 명이세요?

きょうだい　なんにん
ご兄弟は何人ですか。

고쿄-다이와 난닌데스까

ご는 존경의 뜻을 나타내는 접두어로 한자어에 접속한다

부모님과 남동생이 있습니다.

りょうしん　おとうと
両親と弟がいます。

료-신또 오또-또가 이마스

우리 집은 대가족입니다.

だい　か　ぞく
うちは大家族です。

우찌와 다이카조꾸데스

核家族(かくかぞく) 핵가족

아직 아이는 없어요.

こ　ども
まだ子供はいません。

마다 고도모와 이마셍

학습일 ／ □

Mini Talk

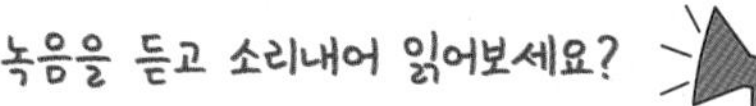
녹음을 듣고 소리내어 읽어보세요?

A: **何人家族(なんにんかぞく)ですか。**

난닝 카조꾸데스까

B: **4人家族(よにんかぞく)です。両親(りょうしん)と妹(いもうと)とわたしです。**

요닝 카조꾸데스. 료-신또 이모-또또 와따시데스

A: **ご両親(りょうしん)はお元気(げんき)ですか。**

고료-싱와 오겡끼데스까

B: **はい、元気(げんき)です。**

하이, 겡끼데스

A: 가족은 몇 분이세요?

B: 4명입니다. 부모님과 여동생 저입니다.

A: 부모님은 건강하시죠?

B: 네, 잘 계세요.

Check Point!

자신의 가족을 상대에 말할 때는 윗사람이건 아랫사람이건 모두 낮추어서 말하고 상대방의 가족을 말할 때는 비록 어린애라도 존경의 의미를 나타내는 접두어 ご(お)나 접미어 さん을 붙여서 높여 말합니다. 단 가족간에 부를 때는 윗사람인 경우는 さん을 붙여 말하며, 아랫사람인 경우는 이름만을 부르거나, 이름 뒤에 애칭인 ちゃん을 붙여 부릅니다.

거주지에 대해 말할 때

Basic Expression

어디에 사세요?

お住(す)まい、どちらですか。

오스마이, 도찌라데스까

住まい 주소, 주거

어느 동네에 사세요?

どこの町(まち)にお住(す)まいですか。

도꼬노 마찌니 오스마이데스까

댁은 몇 번지이세요?

お宅(たく)は何番地(なんばんち)ですか。

오타꾸와 남반찌데스까

직장에서 가까워요?

お勤(つと)めからは近(ちか)いですか。

오쓰또메까라와 치까이데스까

勤め先(さき) 근무처

원룸 맨션에 살고 있나요?

ワンルームマンションに住(す)んでいますか。

완루-무 만숀니 슨데이마스까

댁은 어떤 집이세요?

お宅(たく)はどんな家(いえ)ですか。

오타꾸와 돈나 이에데스까

Mini Talk

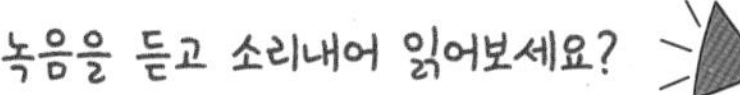
녹음을 듣고 소리내어 읽어보세요?

A: **見晴(みは)らしがかなりいいですねえ。**
미하라시가 카나리 이-데스네-

B: **はい、夜(よる)になれば夜景(やけい)が最高(さいこう)ですよ。**
하이, 요루니 나레바 야께-가 사이꼬-데스요

A: **あーあ、私(わたし)はいつになったらこんな家(いえ)に住(す)めるかな。**
아-아, 와따시와 이쯔니 낫따라 곤나 이에니 스메루까나

B: **どうしてですか。私(わたし)の家(いえ)よりずっと広(ひろ)い家(いえ)に住(す)んでいらっしゃるのに。**
도-시떼데스까. 와따시노 이에요리 즛또 히로이 이에니 슨데 이랏샤루노니

A: 전망이 상당히 좋군요.

B: 네, 밤이 되면 야경이 최고예요.

A: 아-, 나는 언제쯤 이런 집에 살 수 있으려나.

B: 왜 그러세요?
우리 집보다 훨씬 넓은 집에 살고 계시는데.

Check Point!

お住まいはどちらですか(어디에 사세요?)는 처음 만난 사람에게 묻는 표현이고, 알고 지내는 사이라면 今どこに住んでいますか(지금은 어디에 사세요?)라고 안부 겸해서 물을 수 있는 표현입니다. 주택에 대해서 물을 때는 どんな家に住んでいますか(어떤 집에 살고 있습니까?)라고 하며, 아파트에 살고 있으면 今アパートに住んでいます라고 대답하면 됩니다.

Unit 11 연애에 대해 말할 때

Basic Expression

우리들은 사이가 좋아요.

わたしたちは仲(なか)よしです。

와따시타찌와 나까요시데스

仲よし 사이가 좋음

그녀는 그저 친구예요.

彼女(かのじょ)はほんの友達(ともだち)ですよ。

카노죠와 혼노 도모타찌데스요

ほんの 그저 명색뿐인; 정말 그 정도밖에 못 되는

이성 친구는 있어요?

異性(いせい)の友達(ともだち)はいますか。

이세-노 도모타찌와 이마스까

남자 친구가 있어요?

ボーイフレンドがいますか。

보-이후렌도가 이마스까

ガールフレンド 여자친구

나를 어떻게 생각해요?

わたしのことをどう思(おも)っていますか。

와따시노 고또오 도- 오못떼 이마스까

나와 사귀지 않을래요?

わたしと付(つ)き合(あ)ってくれませんか。

와따시또 쓰끼앗떼 구레마셍까

つきあう 사귀다, 교제하다

학습일 / □

Mini Talk

녹음을 듣고 소리내어 읽어보세요?

A: 最近(さいきん)、ボーイフレンドができたの。

사이낑, 보-이후렌도가 데끼따노

B: ほんと? おめでとう。

혼또? 오메데또-

A: 彼(かれ)のことを考(かんが)えると、とても切(せつ)なくなるの。

카레노 고또오 강가에루또, 도떼모 세쯔나꾸나루노

B: それは恋(こい)かもね。

소레와 코이까모네

A: 최근에 남자친구가 생겼어.

B: 정말? 축하해.

A: 그를 생각하면, 무척 애틋해져.

B: 그게 사랑일지도 몰라.

Check Point!

일본어에는 '사랑'이라는 말을 愛(あい)와 恋(こい)로 말합니다. 愛는 넓은 의미의 사랑을 말하고, 恋는 남녀 간의 사랑을 말합니다. '애인'을 恋人(こいびと)와 愛人(あいじん)이라고 하는데, 愛人은 불륜의 관계의 애인을 말합니다. 연애중일 때는 恋愛中(れんあいちゅう), 헤어질 때는 別(わか)れる, 이성에게 차였을 때는 ふられる라는 표현을 씁니다.

결혼에 대해 말할 때

Basic Expression

어떤 여자를 좋아하세요?

じょせい　す
どんな女性が好きですか。

돈나 죠세-가 스끼데스까

男性(だんせい) 남자

어떤 사람과 결혼하고 싶으세요?

ひと　けっこん
どんな人と結婚したいですか。

돈나 히토또 겍꼰시따이데스까

결혼했어요, 독신이세요?

けっこん　どくしん
結婚してますか、独身ですか。

겍꼰시떼 마스까, 도꾸신데스까

우리말 '결혼했습니다'는 結婚しています로 표현한다

언제 그와 결혼하세요?

かれ　けっこん
いつ彼と結婚しますか。

이쯔 카레또 겍꼰시마스까

신혼여행은 하와이로 갈 거예요.

しんこんりょこう　い
新婚旅行はハワイへ行きます。

싱꼰료꼬-와 하와이에 이끼마스

이혼했어요.

りこん
離婚しています。

리꼰시떼 이마스

결혼 표현과 마찬가지로 이혼한 상태이므로 ~ています로 표현한다

Mini Talk

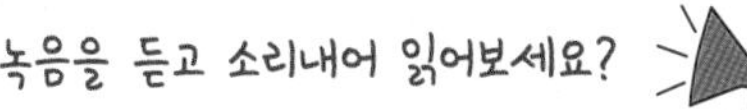
녹음을 듣고 소리내어 읽어보세요?

A: 彼女(かのじょ)と結婚(けっこん)することにしたよ。

카노죠또 겍꼰스루 고또니 시따요

B: そうか。よく決心(けっしん)したね。おめでとう。

소-까. 요꾸 겟신시따네. 오메데또-

A: 結婚式(けっこんしき)はいつするつもり?

겍꼰시끼와 이쯔 스루 쓰모리?

B: そうね。来年(らいねん)の春(はる)はどうかな。

소-네. 라이넨노 하루와 도-까나

A: 그녀와 결혼하기로 했어.

B: 그래? 잘 결심했어. 축하해.

A: 결혼식은 언제 할 생각이야?

B: 글쎄. 내년 봄은 어떨까?

Check Point!

일본어에서는 결혼은 현재도 진행 중이므로 과거형으로 말하지 않고 結婚しています로 말을 합니다. 우리말로 직역하여 結婚しました라고 한다면 일본인은 과거에 결혼한 적이 있고 지금은 이혼해서 혼자 살고 있는 것처럼 여기게 됩니다. 일본인의 결혼은 크게 恋愛結婚 (연애결혼)과 お見合い結婚 (중매결혼)으로 나눌 수 있습니다.

취미에 대해 말할 때

Basic Expression

취미는 뭐예요?

ご趣味(しゅみ)はなんですか。

고슈미와 난데스까

무슨 취미가 있어요?

何(なん)かご趣味(しゅみ)はありますか。

낭까 고슈미와 아리마스까

なんかは なにかの 음편으로 '무언가; 무엇인가'

일 이외에 무슨 흥미가 있어요?

仕事(しごと)以外(いがい)に何(なん)か興味(きょうみ)がありますか。

시고또 이가이니 낭까 쿄-미가 아리마스까

특별히 취미라고 할 건 없어요.

特(とく)に趣味(しゅみ)と言(い)えるものはありません。

토꾸니 슈미또 이에루 모노와 아리마셍

이렇다 할 취미가 없어요.

これといった趣味(しゅみ)がないんですよ。

고레또 잇따 슈미가 나인데스요

これといった 이렇다 할

취미는 즐거운 일이에요.

趣味(しゅみ)は楽(たの)しいですね。

슈미와 다노시-데스네

학습일 ／ □

녹음을 듣고 소리내어 읽어보세요? 

A: **いつもカメラを持(も)ち歩(ある)いていらっしゃるみたいですね。**

이쯔모 카메라오 모찌아루이떼 이랏샤루 미따이데스네

B: **はい、写真(しゃしん)を撮(と)るのが趣味(しゅみ)なんです。**

하이, 샤싱오 도루노가 슈미난데스

A: **主(おも)にどんな写真(しゃしん)を撮(と)るんですか。**

오모니 돈나 샤싱오 도룬데스까

B: **建築物(けんちくぶつ)をたくさん撮(と)っています。**

겐찌꾸부쯔오 닥상 돗떼 이마스

A: 늘 카메라를 들고 다니고 계시는 것 같더군요.

B: 네, 사진을 찍는 것이 취미예요.

A: 주로 어떤 사진을 찍으세요?

B: 건축물을 많이 찍고 있습니다.

Check Point!

취미만큼 다양한 소재를 가지고 있는 화제도 많지 않으므로 ご趣味は何ですか(취미는 무엇입니까?)로 시작해서 여러 상황에 응용할 수 있도록 잘 익혀두길 바랍니다. 서로가 좋아하는 것과 관심을 가지고 있는 것에 대해 주고받으면 훨씬 대화가 부드럽게 진행됩니다. 무슨 일에 흥미가 있는지를 물을 때는 何に興味をお持ちですかみ라고 합니다.

여가활동에 대해 말할 때

Basic Expression

기분전환으로 어떤 것을 하세요?

き　ば

気晴らしにどんなことをしますか。

기바라시니 돈나 고또오 시마스까

일이 끝난 후에는 어떻게 보내세요?

し　ごと　　あと　　　　　　たの

仕事の後はどうやって楽しんでますか。

시고또노 아또와 도-얏떼 다노신데 마스까

한가할 때는 무엇을 하세요?

ひ ま　　　　　なに

お暇なときは何をなさいますか。

오히마나 도끼와 나니오 나사이마스까

매달 동호인이 모여요.

まいげつ　どうこう　　し　　あつ

毎月、同好の士が集まるんですよ。

마이게쯔, 도-꼬-노 시가 아쯔마룬데스요

同好会(どうこうかい) 동호회

뭔가 교양 활동을하세요?

なに　　けい こ

何か稽古ごとをしていますか。

나니까 케-꼬 고또오 시떼 이마스까

けいこ (학문·기술·예능 따위를) 배움[익힘, 연습함]

영화를 보며 시간을 보내요.

えい が　　み　　ひ ま

映画を見て暇をつぶします。

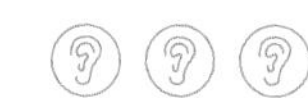

에-가오 미데 히마오 쓰부시마스

ひまをつぶし 심심풀이

녹음을 듣고 소리내어 읽어보세요?

A: 週末(しゅうまつ)などの暇(ひま)な時間(じかん)は、どう過(す)ごしますか。
슈-마쯔 나도노 히마나 지깡와, 도- 스고시마스까

B: 大抵(たいてい)は家(いえ)でごろごろと一日(いちにち)潰(つぶ)します。
다이떼-와 이에데 고로고로또 이찌니찌 쓰부시마스

A: 本(ほん)でもお読(よ)みになりますか。
혼데모 오요미니 나리마스까

B: いいえ、ゆったりと座(すわ)って、テレビでも見(み)て一日(いちにち)を過(す)ごします。
이-에, 윳따리도 스왓떼, 테레비데모 미떼 이찌니찌오 스고시마스

A: 주말 등 한가한 시간은 어떻게 보내세요?

B: 대개는 집에서 빈둥빈둥 하루를 보내요.

A: 책이라도 읽으십니까?

B: 아뇨, 느긋하게 앉아서
텔레비전이나 보면서 하루를 보내요.

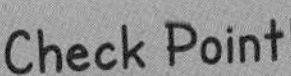

Check Point!

일본인은 여가의 3분의 1을 파친코나 경마와 같은 도박을 한다고 합니다. 비교적 짧은 휴일에는 많은 사람들이 도박을 즐기면서 시간을 보내지만, 2~3일 동안의 휴일에는 도박보다 운전, 실외활동, 스포츠 등으로 여가를 보낸다고 합니다. 또한 3일 이상 계속되는 휴일에는 독서, 공부, 가족간의 대화, 국내나 해외여행을 즐기는 사람들이 많다고 합니다.

책과 신문에 대해 말할 때

Basic Expression

책을 많이 읽으세요?

本(ほん)をたくさん読(よ)みますか。

홍오 닥상 요미마스까

たくさん은 '닥상'으로 줄여 발음한다

평소 어떤 책을 읽으세요?

いつもどんな本(ほん)を読(よ)みますか。

이쯔모 돈나 홍오 요미마스까

좋아하는 작가는 누구죠?

好(す)きな作家(さっか)は誰(だれ)ですか。

스끼나 삭까와 다레데스까

漫画(まんが) 만화

요즘 베스트셀러는 무엇이죠?

現在(げんざい)のベストセラーは何(なん)ですか。

겐자이노 베스토세라-와 난데스까

신문은 무엇을 구독하세요?

新聞(しんぶん)は何(なに)を取(と)ってますか。

심붕와 나니오 돗떼마스까

新聞をとる 신문을 구독하다

어떤 잡지를 좋아하세요?

どんな雑誌(ざっし)が好(す)きですか。

돈나 잣시가 스끼데스까

Mini Talk

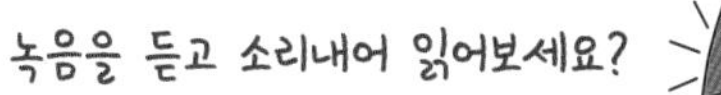
녹음을 듣고 소리내어 읽어보세요?

A: いい本(ほん)があれば貸(か)してくれる?

이- 홍가 아레바 가시떼 구레루

B: うん、これはベストセラーだよ。

웅, 고레와 베스토세라-다요

A: あ、そう。これ読(よ)んでみたい本(ほん)だった。

아, 소-. 고레 욘데미따이 혼닷따

B: それはよかったね。

소레와 요깟따네

A: 좋은 책이 있으면 빌려줄래?

B: 응, 이건 베스트셀러야.

A: 아, 그래! 이거 읽어보고 싶은 책이었어.

B: 그것 참 잘됐네.

Check Point!

예전에 일본에는 전철에서 책을 읽는 사람들이 많으며 일본 국민의 독서 열기는 대단하다는 이야기를 매스컴을 통해 자주 들을 수 있었습니다. 일본 사람들이 만화를 많이 읽는 것은 사실이지만 만화를 많이 읽는다고 책을 안 읽는 것은 결코 아닙니다. 그러나 요즘은 우리와 마찬가지로 전철을 타면 책을 읽는 사람보다는 스마트폰을 보는 사람이 더 많은 것 같습니다.

음악과 그림에 대해 말할 때

Basic Expression

음악은 좋아하세요?

おんがく　す
音楽はお好きですか。

옹가꾸와 오스끼데스까

歌(うた)を歌(うた)う 노래를 부르다

요즘 인기 있는 노래는 뭐예요?

さいきん　にんき　うた　なん
最近、人気のある歌は何ですか。

사이낑, 닝끼노 아루 우따와 난데스까

당신은 피아노를 칠 줄 아세요?

ひ
あなたはピアノを弾けますか。

아나따와 피아노오 히께마스까

어떤 그림을 좋아하세요?

え　す
どんな絵が好きですか。

돈나 에가 스끼데스까

絵(え)を描(か)く 그림을 그리다

저 화가 개인전이에요?

がか　こてん
あの画家の個展ですか。

아노 가까노 고뗀데스까

그림을 그리는 것을 무척 좋아해요.

え　か　だいす
絵を描くのが大好きです。

에오 가꾸노가 다이스끼데스

大好き 무척 좋아함

학습일 ／ □

Mini Talk

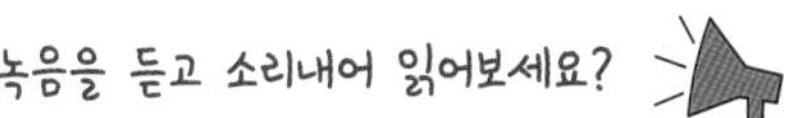
녹음을 듣고 소리내어 읽어보세요?

A: **弾(ひ)ける楽器(がっき)はありますか。**
히께루 각끼와 아리마스까

B: **子供(こども)の頃(ころ)、ピアノを習(なら)っていました。**
고도모노 고로, 피아노오 나랏떼 이마시다

A: **今(いま)もピアノを弾(ひ)きますか。**
이마모 피아노오 히끼마스까

B: **いいえ、今(いま)は全然(ぜんぜん)弾(ひ)きません。**
이-에, 이마와 젠젱 히끼마셍

A: 연주할 수 있는 악기가 있나요?

B: 어렸을 적 피아노를 배웠어요.

A: 지금도 피아노를 치세요?

B: 아뇨, 지금은 전혀 치지 않아요.

Check Point!

日本画(にほんが)는 중국의 수묵화나 서양의 수채화와는 확연히 구분되는 독특한 스타일이 있습니다. 재료는 석채(石彩)를 사용하고, 기법은 중채(重彩)로 그리며, 서정적인 화조월풍을 소재로 한 조형주의라는 점에서 독특한 영역이 있습니다. 여기에 인공미와 치밀성, 과학성, 색채미, 보존성 등을 들 수 있습니다.

텔레비전과 영화에 대해 말할 때

Basic Expression

그 드라마 보세요?

あのドラマ、見(み)ていますか。

아노 도라마, 미떼 이마스까

時代劇(じだいげき) 사극 / 芸能人(げいのうじん) 연예인

그 프로그램은 재미없어요.

あの番組(ばんぐみ)はつまらないんです。

아노 방구미와 쓰마라나인데스

番組 방송 프로그램

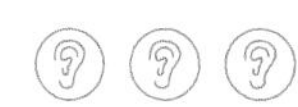

뉴스를 보죠.

ニュースを見(み)ましょう。

뉴-스오 미마쇼-

ラジオ 라디오

영화는 자주 보러 가세요?

映画(えいが)にはよく行(い)きますか。

에-가니와 요꾸 이끼마스까

芝居(しばい) 연극

지금 어떤 영화를 하죠?

今(いま)どんな映画(えいが)をやってますか。

이마 돈나 에-가오 얏떼마스까

俳優(はいゆう) 배우 / 女優(じょゆう) 여배우

어떤 영화를 좋아하세요?

どんな映画(えいが)がお好(す)きですか。

돈나 에-가가 오스끼데스까

학습일 / □

녹음을 듣고 소리내어 읽어보세요?

A: 家(いえ)に帰(かえ)って何(なに)をするつもりなの?

이에니 가엣떼 나니오 스루 쓰모리나노

B: テレビを見(み)ながら休(やす)みたいわ。

테레비오 미나가라 야스미따이와

A: あのドラマ、見(み)てる?

아노 도라마, 미떼루

B: もちろんよ。今週(こんしゅう)も必(かなら)ず見(み)るわ。

모찌롱요. 곤슈-모 가나라즈 미루와

A: 집에 가서 뭐 할 거야?

B: 텔레비전을 보면서 쉬고 싶어.

A: 그 드라마 보니?

B: 물론이지. 이번 주도 꼭 볼 거야.

Check Point!

일본은 섬나라라서 토속적인 이야기가 많습니다. 그래서 영화화할 수 있는 콘텐츠가 다양합니다(사무라이, 귀신이야기 등). 같은 공포영화를 비교해도 우리나라는 전설의 고향류 공포가 일색이지만(한 맺힌 귀신이야기) 일본영화는 저주받은 비디오 이야기(링)에 저주받은 집(주온), 그리고 기니피그 같은 마니아 취향의 고어물, 심지어 좀비스플래터 영화까지 만듭니다.

식성과 맛에 대해 말할 때

Basic Expression

요즘 별로 식욕이 없어요.

この頃(ごろ)あまり食欲(しょくよく)がありません。

고노고로 아마리 쇼꾸요꾸가 아리마셍

맛은 어때요?

味(あじ)はどうですか。

아지와 도-데스까

あじわう 맛보다

정말로 맛있군요.

本当(ほんとう)においしいですね。

혼또-니 오이시-데스네

이 요리 맛있네요.

この料理(りょうり)、うまいですね。

고노 료-리, 우마이데스네

うまい는 주로 남자를 맛을 표현할 때 쓴다

이건, 맛이 없어요.

これ、まずいですよ。

고레, 마즈이데스요

아쉽지만 입에 안 맞아요.

残念(ざんねん)ながら口(くち)に合(あ)いません。

잔넨나가라 구찌니 아이마셍

학습일 / ☐

Mini Talk

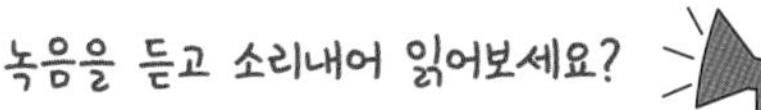
녹음을 듣고 소리내어 읽어보세요?

A: どうして食(た)べないんですか。
도-시떼 다베나인데스까

B: お腹(なか)がいっぱいです。
오나까가 입빠이데스

A: あんまり食(た)べてないじゃないですか。
암마리 다베떼나이쟈 나이데스까

B: この頃(ごろ)食欲(しょくよく)がなくて、少(すこ)し食(た)べただけでもお腹(なか)がいっぱいになるのです。
고노고로 쇼꾸요꾸가 나꾸떼, 스꼬시 다베따다께데모 오나까가 입빠이니 나루노데스

A: 왜 안 먹어요?

B: 배가 불러요.

A: 별로 안 먹었잖아요.

B: 요즘 식욕이 없어서 조금만 먹어도 배가 불러요.

Check Point!

배가 고플 때는 おなかがすいた, 배가 부를 때는 おなかがいっぱいだ라고 하며, 식욕이 없을 때는 食欲がありません이라고 합니다. 음식의 맛을 물어볼 때는 味はどうですか로 하며, 맛있을 때는 おいしい, 맛이 없을 때는 まずい라고 합니다. うまい는 맛에 관해 말할 때는 주로 남성어로 쓰이며, 여성의 경우는 おいしい를 쓰는 것이 일반적입니다.

Unit 19

건강에 대해 말할 때

Basic Expression

오늘 기분은 어때요?

今日(きょう)の気分(きぶん)はどうですか。

쿄-노 기붕와 도-데스까

기운이 없어 보이네요.

元気(げんき)がないようですね。

겡끼가 나이요-데스네

어디 편찮으세요?

ご気分(きぶん)でも悪(わる)いんですか。

고키분데모 와루인데스까

気分が悪い 속이 안 좋다, 기분이 나쁘다

어디가 안 좋으세요?

どこが悪(わる)いんですか。

도꼬가 와루인데스까

늘 운동하세요?

いつも運動(うんどう)していますか。

이쯔모 운도-시떼 이마스까

요즘 운동 부족이에요.

このところ、運動不足(うんどうぶそく)です。

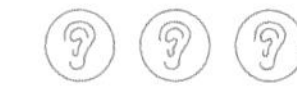

고노도꼬로, 운도-부소꾸데스

학습일 ／ □

Mini Talk

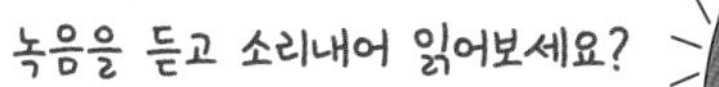
녹음을 듣고 소리내어 읽어보세요?

A: **今日(きょう)は調子(ちょうし)はいかがですか。**

교-와 쵸-시와 이까가데스까

B: **ちょっと気分(きぶん)が優(すぐ)れないんです。**

춋또 기붕가 스구레나인데스

A: **何(なに)か心配事(しんぱいごと)でもありますか。**

나니까 심빠이고또데모 아리마스까

B: **仕事(しごと)が思(おも)うように、うまくはかどらないんです。**

시고또가 오모우요-니, 우마꾸 하까도라나인데스

A: 오늘은 상태가 어때요?

B: 기분이 좀 안 좋아요.

A: 무슨 걱정거리라도 있어요?

B: 일이 생각처럼 잘 진척되지 않아요.

Check Point!

건강은 무엇으로도 바꿀 수 없는 아주 소중한 것입니다. 상대의 건강이 안 좋아 보일 때는 ご気分でも悪いんですか(어디 편찮으세요?)라고 물어봅시다. 상대가 자신의 건강에 대해서 신경을 써주면 그만큼 자신에 관심이 있다는 것을 나타내므로 무척 고마운 일이 아닐 수 없습니다. 이럴 때는 먼저 감사를 표시하고 자신의 건강상태를 말합시다.

운동이나 스포츠에 대해 말할 때

Basic Expression

어떤 스포츠를 하세요?

どんなスポーツをやりますか。

돈나 스포-츠오 야리마스까

최근 골프를 시작했어요.

さいきん　はじ

最近、ゴルフを始めました。

사이낑, 고루후오 하지메마시다

어떤 스포츠를 좋아하세요?

す

どんなスポーツが好きですか。

돈나 스포-츠가 스끼데스까

스포츠라면 무엇이든 좋아해요.

なん　す

スポーツなら何でも好きです。

스포-츠나라 난데모 스끼데스

どこでも 어디든 / いつでも 언제라도 / どれでも 어느것이든

운동은 못해요.

うんどう　にがて

運動は苦手です。

운도-와 니가떼데스

苦手 잘하지 못함; 서투름

팀으로 하는 스포츠는 별로 안 해요.

チームスポーツはあまりやりません。

치-무 스포-츠와 아마리 야리마셍

학습일 ／ □

Mini Talk

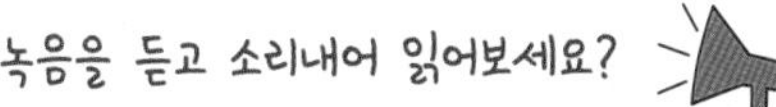
녹음을 듣고 소리내어 읽어보세요?

A: **スポーツは何(なに)が好(す)きですか。**

스포-츠와 나니가 스끼데스까

B: **ゴルフが好(す)きです。**

고루후가 스끼데스

A: **いつからゴルフを始(はじ)めましたか。**

이쯔까라 고루후오 하지메마시다까

B: **5年前(ごねんまえ)から始(はじ)めましたが、今(いま)も習(なら)っています。**

고넴 마에까라 하지메마시따가, 이마모 나랏떼 이마스

A: 스포츠는 무엇을 좋아하세요?

B: 골프를 좋아해요.

A: 언제부터 골프를 시작했어요?

B: 5년 전부터 시작했는데
지금도 배우고 있어요.

Check Point!

스포츠에 관한 화제는 상대와의 공통점을 발견할 수 있는 좋은 기회로 쉽게 친해질 수 있는 계기가 됩니다. 어떤 스포츠를 하느냐고 물을 때는 どんなスポーツをやっていますか, 어떤 스포츠를 좋아하느냐고 물을 때는 どんなスポーツがお好きですか, 스포츠 관전을 권유할 때는 東京ドームへ行きませんか(도쿄돔에 안 갈래요?)라고 하면 됩니다.

Unit 21

외모에 대해 말할 때

Basic Expression

키가 어떻게 돼요?

背(せ)はどのくらいありますか。

세와 도노쿠라이 아리마스까

どのくらい 어느 정도

몸무게는 어떻게 돼요?

体重(たいじゅう)はどのくらいですか。

타이쥬-와 도노 쿠라이데스까

좀 살이 찐 것 같아요.

ちょっと太(ふと)りすぎてるようです。

촛또 후또리스기떼루 요-데스

やせる 여위다; 살이 빠지다

눈이 예쁘고 귀여운 여자가 좋아요.

目(め)がきれいなかわいい女(おんな)の子(こ)が好(す)きです。

메가 기레이나 가와이- 온나노 꼬가 스끼데스

남자 친구는 미남이에요.

彼(かれ)はハンサムです。

카레와 한사무데스

난 아버지를 많이 닮았어요.

わたしは父(ちち)によく似(に)ています。

와따시와 치찌니 요꾸 니떼 이마스

~に似る(そっくりだ) ~를 닮다(꼭 닮다)

Mini Talk

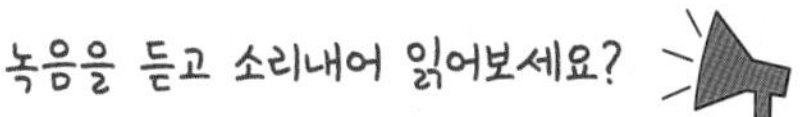
녹음을 듣고 소리내어 읽어보세요?

A: わたしがいくつに見(み)えますか。

와따시가 이꾸쯔니 미에마스까

B: およそ30前後(さんじゅうぜんご)でしょうね。

오요소 산쥬- 젱고데쇼-네

A: 違(ちが)いました。40(よんじゅう)です。

치가이마시다. 욘쥬-데스

B: 本当(ほんとう)ですか。年(とし)よりとても若(わか)く見(み)えます。

혼또-데스까. 도시요리 도떼모 와까꾸 미에마스

A: 제가 몇 살로 보이나요?

B: 약 30 전후겠지요.

A: 틀렸어요. 마흔입니다.

B: 정말요? 나이보다 너무 젊어 보여요.

Check Point!

상대의 키를 물을 때는 背はどのくらいありますか(키는 어느 정도입니까?), 몸무게를 물을 때는 体重はどのくらいですか(체중은 어느 정도입니까?)라고 합니다. 다만, 상대의 신체에 관련된 질문을 할 때는 경우에 따라서는 약점을 건드릴 수도 있으므로 신중하게 질문할 필요가 있습니다. 예쁘다고 할 때는 きれい라고 하며, 귀엽다고 할 때는 かわいい라고 합니다.

Unit 22

옷차림에 대해 말할 때

Basic Expression

오늘은 무얼 입고 갈까?

今日(きょう)は何(なに)を着(き)て行(い)こうかな。

쿄-와 나니오 기떼 이꼬-까나

ズボンをはく 바지를 입다

이 셔츠와 이 넥타이는 안 어울릴까?

このシャツとこのネクタイは合(あ)わないかな。

고노 샤츠또 고노 네쿠타이와 아와나이까나

옷에 맞는 가방이 없어요.

洋服(ようふく)に合(あ)ったバッグがありません。

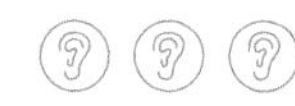

요-후꾸니 앗따 박구가 아리마셍

이 옷은 어린 티가 나지 않아요?

この服(ふく)は子供(こども)っぽくないんですか。

고노 후꾸와 고도몹뽀꾸나인데스까

이 바지는 맞춰 입기에 좋아요.

このズボンは着回(きまわ)しがききます。

고노 즈봉와 기마와시가 기끼마스

이건 지금 유행하는 헤어스타일이에요.

これは今流行(いまりゅうこう)のヘアスタイルです。

고레와 이마 류-꼬-노 헤아스타이루데스

학습일 ／ □

녹음을 듣고 소리내어 읽어보세요?

A: **その服(ふく)、とてもきれいですね。**

소노 후꾸, 도떼모 기레이데스네

B: **そうですか。ありがとう。**

소-데스까. 아리가또-

A: **とてもよく似(に)合(あ)っています。**

도떼모 요꾸 니앗떼 이마스

B: **本当(ほんとう)ですか。**

혼또-데스까

A: 그 옷 너무 예쁘네요.

B: 그래요? 고마워요.

A: 너무 잘 어울려요.

B: 정말이세요?

Check Point!

일본인의 패션은 우리나라와 비슷합니다. 특히 젊은이들은 대중매체의 영향에 따라 패션이 바뀌는 것은 마찬가지이지만, 유행에 대한 민감도는 우리보다 높은 것 같습니다. 우리말의 '~에 맞다'라고 말할 때는 ~に合う라고 하며, 잘 어울린다고 말할 때는 よく似合う라고 합니다. 누구와 닮았다고 말할 때는 ~に似ている로 표현합니다.

Unit 23

성격에 대해 말할 때

Basic Expression

당신의 성격이 어떻다고 생각하세요?

あなたの性格(せいかく)はどんなだと思(おも)いますか。

아나따노 세-카꾸와 돈나다또 오모이마스까

친구는 잘 사귀는 편이세요?

友達(ともだち)はすぐできるほうですか。

도모다찌와 스구 데끼루 호-데스까

できる 생기다. 할 수 있다 , 다 되다

당신은 외향적이라고 생각하세요?

あなたは外向的(がいこうてき)だと思(おも)いますか。

아나따와 가이꼬-테끼다또 오모이마스까

内向的(ないこうてき) 내향적

남자 친구는 소극적인 성격이에요.

彼(かれ)はひっこみ思案(じあん)のほうです。

카레와 힉꼬미지안노 호-데스

ひっこみ思案 적극성이 없음; 또, 그런 성질

여자 친구는 성격이 급한 편이에요.

彼女(かのじょ)は気(き)が短(みじか)いほうです。

카노죠와 기가 미지까이 호-데스

気が短い 성질이 급하다

남자 친구는 장난기가 좀 있어요.

彼(かれ)はちょっといたずらっ気(け)があります。

카레와 춋또 이따즈락께가 아리마스

녹음을 듣고 소리내어 읽어보세요?

A: あなたは友達(ともだち)はすぐできるほうですか。
아나따와 도모다찌와 스구 데끼루 호-데스까

B: いいえ、あまり社交的(しゃこうてき)ではありません。
이-에, 아마리 샤꼬-테끼데와 아리마셍

A: あなたは自分(じぶん)をどんな性格(せいかく)の持(も)ち主(ぬし)だと思(おも)いますか。
아나따와 지붕오 돈나 세-카꾸노 모찌누시다또 오모이마스까

B: 内向的(ないこうてき)だと思(おも)っています。
나이꼬-테끼다또 오못떼 이마스

A: 당신은 친구는 금방 생기는 편입니까?

B: 아니오, 그다지 사교적이지는 않습니다.

A: 당신은 자신을 어떤 성격의 소유자라고 생각하십니까?

B: 내성적이라고 생각합니다.

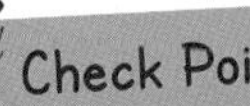

Check Point!

일본인의 성격을 표현하는 말이 '혼네(本音)'와 '다떼마에(建前)'입니다. '혼네'란 마음속의 본심을 말하며, 속마음을 드러내지 않고 겉으로 그냥 하는 말을 '다떼마에'라고 합니다. 이처럼 일본인은 남의 입장을 곤란하게 하는 것은 실례라 생각하여 자신의 생각을 직접 표현하여 입장을 드러내기보다는 예의를 지키고 배려해 주는 것을 미덕으로 여기기 때문입니다.

술과 담배에 대해 말할 때

Basic Expression

어느 정도 술을 마시나요?

どのくらい酒(さけ)を飲(の)みますか。

도노쿠라이 사께오 노미마스까

저는 술에 약한 편이에요.

わたしは酒(さけ)に弱(よわ)いほうです。

와따시와 사께니 요와이 호-데스

酒に強(つよ)い 술이 세다

김씨는 술꾼이에요.

金(キム)さんは大酒飲(おおざけの)みです。

김상와 오-자께노미데스

앞으로 담배와 술을 끊으려고 해요.

これからタバコとお酒(さけ)を止(や)めようと思(おも)っています。

고레까라 타바코또 오사께오 야메요-또 오못떼 이마스

여기서 담배를 피워도 될까요?

ここでタバコを吸(す)ってもいいですか。

고꼬데 다바꼬오 슷떼모 이-데쇼-까

タバコをすう 담배를 피우다

여기는 금연입니다.

ここは禁煙(きんえん)になっています。

고꼬와 깅엔니 낫떼 이마스

Mini Talk

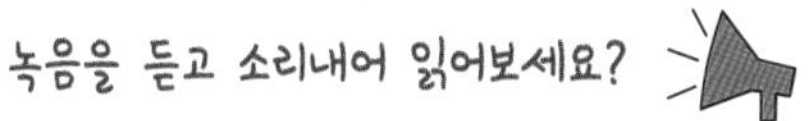
녹음을 듣고 소리내어 읽어보세요?

A: 今(いま)もタバコを吸(す)っているの。

이마모 다바꼬오 슷떼 이루노

B: うん、まだ吸(す)っている。お前(まえ)は?

웅, 마다 슷떼 이루. 오마에와

A: もう止(や)めたよ。タバコを止(や)めたほうがいいよ。

모- 야메따요. 다바꼬오 야메따 호-가 이-요

B: わかっているけど、止(や)められないんだよ。

와깟떼 이루께도, 야메라레나인다요

A: 지금도 담배를 피우고 있니?

B: 응, 아직 피우고 있어. 너는?

A: 이제 끊었어. 담배를 끊는 게 좋아.

B: 알고 있지만 끊을 수 없어.

Check Point!

일본인도 우리와 마찬가지로 함께 술을 마시면서 건배를 할 때는 乾杯(かんぱい)라고 외칩니다. 그러나 우리와는 달리 술을 권할 때는 한손으로 따라도 됩니다. 그리고 상대방이 잔에 술이 조금 남아 있을 때는 첨잔하는 것도 한국과는 크게 다른 점입니다. 그러나 담배는 상하 관계없이 자유로운 분위기에서 피울 수 있지만, 금연 구역은 우리와는 차이가 없습니다.

여행에 대해 말할 때

Basic Expression

어딘가로 여행을 떠나고 싶군요.

どこかへ旅(たび)に出(で)たいですね。

도꼬까에 다비니 데따이데스네

旅に出る 여행을 떠나다

마음 내키는 대로 여행을 하고 싶군요.

気(き)ままな旅(たび)をしたいですね。

기마마나 다비오 시따이데스네

気まま 제멋[맘]대로 함

이번에 여행을 하죠.

今度(こんど)、旅行(りょこう)しましょう。

곤도, 료꼬-시마쇼-

해외여행을 한 적이 있어요?

海外旅行(かいがいりょこう)したことがありますか。

카이가이 료꼬-시따 고또가 아리마스까

~たことがありますか ~한 적이 있습니까?

더 싼 패키지 여행은 없어요?

もっと安(やす)いパック旅行(りょこう)はありませんか。

못또 야스이 팍쿠 료꼬-와 아리마셍까

高(たか)い 비싸다, 높다, (키가) 크다

관광 시즌이라 사람이 많네요.

観光(かんこう)シーズンだから人(ひと)が多(おお)いですね。

캉꼬- 시-즌다까라 히또가 오-이데스네

녹음을 듣고 소리내어 읽어보세요?

A: 旅行(りょこう)はどこに行(い)くことにしましたか。

료꼬-와 도꼬니 이꾸 고또니 시마시다까

B: 京都(きょうと)と大阪(おおさか)に行(い)くつもりです。

쿄-또또 오-사까니 이꾸 쓰모리데스

A: 京都(きょうと)はいいですよ。古(ふる)い文化財(ぶんかざい)がたくさん残(のこ)っています。

쿄-또와 이-데스요. 후루이 붕까자이가 닥상 노꼿떼 이마스

B: だから京都(きょうと)には必(かなら)ず一度(いちど)行(い)ってみたかったのです。

다까라 쿄-또니와 가나라즈 이찌도 잇떼 미따깟따노데스

A: 여행은 어디로 가기로 했나요?

B: 교토와 오사카에 갈 생각입니다.

A: 교토는 좋아요. 오래된 문화재가 많이 남아 있습니다.

B: 그래서 교토에는 꼭 한번 가보고 싶었습니다.

Check Point!

단체로 일본여행을 가면 현지 사정에 밝은 가이드가 안내와 통역을 해주기 때문에 말이 통하지 않아 생기는 불편함은 그다지 크지 않을 수 있습니다. 하지만, 일본인을 직접 만나서 대화를 하거나 물건을 구입할 때 등에는 회화가 절대적으로 필요하며, 여행지에서의 자유로운 의사소통은 한층 여행을 즐겁고 보람차게 해주므로 가기 전에 미리 회화를 공부하는 것도 좋습니다.

PART 02 실력 체크!

★ 앞에서 배운 대화 내용입니다. 한글을 영어로 말해보세요. 잘 모르시겠다고요? 걱정마세요. 녹음이 있잖아요. 그리고 정답은 각 유닛에서 확인하세요.

01 A: 今、 몇 시입니까?
B: 2時5分前です。

02 A: お誕生日はいつですか。
B: 4월 1일입니다.

03 A: 暑いですね。
B: うん、 올 여름은 정말로 덥군요.

04 A: 봄이 기다려져요.
B: 今年の冬はとても長かったんですからね。

05 A: 어느 대학을 나왔어요?
B: 去年、慶應大学を卒業しました。

06 A: 이번 시험은 어땠어요?
B: 思ったよりなかなか難しかったですよ。

07 A: 어떤 회사에서 일하고 있나요?
B: 貿易会社で働いています。

08 A: わたし、 먼저 실례할게요.
B: もうですか。今日は早いですね。デートでしょう。

09 A: 가족은 몇 분이세요?
B: 4人家族です。両親と妹と私です。

10 A: 전망이 상당히 좋군요.
B: はい、夜になれば夜景が最高ですよ。

11 A: 최근에 남자친구가 생겼어.
B: ほんと? おめでとう。

12 A: 그녀와 결혼하기로 했어.
B: そうか。よく決心したね。おめでとう。

13 A: いつもカメラを持ち歩いていらっしゃるみたいですね。
B: はい、사진을 찍는 것이 취미예요.

14 A: 주말 등 한가한 시간은 어떻게 지내세요?
B: 大抵は家で、ごろごろと一日潰します。

15 A: いい本があれば貸してくれる?
B: うん、이건 베스트셀러야.

16 A: 연주할 수 있는 악기가 있나요?
B: 子供の頃、ピアノを習っていました。

17 A: 家に帰って何をするつもりなの?
B: 텔레비전을 보면서 쉬고 싶어.

18 A: どうして食べないんですか。
B: 배가 불러요.

19 A: 오늘은 상태가 어때요?
B: ちょっと気分が優れないんです。

20 A: 스포츠는 무엇을 좋아하세요?
B: ゴルフが好きです。

21 A: 제가 몇 살로 보이나요?
B: およそ30前後でしょうね。

22 A: 그 옷 너무 예쁘네요.
B: そうですか。ありがとう。

23 A: あなたは友達はすぐ出きるほうですか。
B: いいえ、그다지 사교적이지는 않습니다.

24 A: 지금도 담배를 피우고 있니?
B: うん、まだ吸っている。お前は?

25 A: 여행은 어디로 가기로 했나요?
B: 京都と大阪に行くつもりです。

PART

03

Expression

일상생활 · 여행 표현

Unit 01

길을 묻거나 알려줄 때

Basic Expression

길을 잃었는데요.

みち　まよ
道に迷ったんですが。

미찌니 마욧딴데스가

道に迷う 길을 잃다

여기는 어디죠?

ここはどこですか。

고꼬와 도꼬데스까

저는 이 지도 어디에 있죠?

ちず
わたしは、この地図のどこにいるのですか。

와따시와, 고노 치즈노 도꼬니 이루노데스까

역은 어떻게 가면 좋을까요?

えき　い
駅へはどう行ったらいいですか。

에끼에와 도- 잇따라 이-데스까

~たらいいですか ~하면 좋을까요?

미안합니다. 잘 모르겠어요.

すみません。よくわかりません。

스미마셍. 요꾸 와까리마셍

저도 여기는 처음이에요.

はじ
わたしもここは初めてです。

와따시모 고꼬와 하지메떼데스

학습일 ／ □

Mini Talk

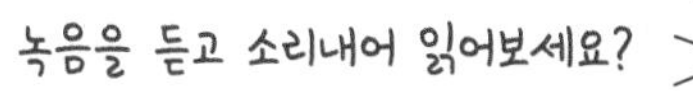
녹음을 듣고 소리내어 읽어보세요?

A: マルイデパートはどこでしょうか。

마루이 데파-토와 도꼬데쇼-까

B: あそこに高(たか)いビルが見(み)えるでしょう。

아소꼬니 다까이 비루가 미에루데쇼-

A: はい、あの大(おお)きな時計台(とけいだい)が見(み)えるビルのことですね。

하이, 아노 오-끼나 도께-다이가 미에루 비루노 고또데스네

B: そうです。その建物(たてもの)です。

소-데스. 소노 다떼모노데스

A: 마루이 백화점은 어디죠?

B: 저기 높은 빌딩이 보이죠?

A: 네, 저 큰 시계탑이 보이는 빌딩을 말하는군요.

B: 그래요. 그 건물입니다.

Check Point!

현지 여행을 할 때 길을 잘 모르기 때문에 헤메는 경우가 종종 있습니다. 요즘은 스마트폰 맵으로 목적지를 찾아서 가는 경우가 많지만 그래도 현지인의 도움이 필요할 때가 있습니다. 일본인 여행객이 길을 물어올 때는 당황하지 말고 다음 표현을 잘 익혀두어 자신 있게 대처하도록 합시다. 만약 길을 알고 있으면 거기까지 데리고 가는 것이 가장 확실한 방법입니다.

Unit 02

택시를 탈 때

Basic Expression

택시를 불러 주세요.

タクシーを呼(よ)んでください。

타꾸시-오 욘데 구다사이

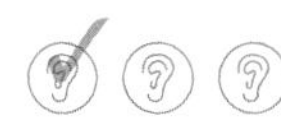

택시승강장은 어디에 있어요?

タクシー乗(の)り場(ば)はどこですか。

타꾸시-노리바와 도꼬데스까

트렁크를 열어 주세요.

トランクを開(あ)けてください。

토랑쿠오 아께떼 구다사이

이리 가 주세요.

ここへ行(い)ってください。

고꼬에 잇떼 구다사이

주소를 보이며 목적지를 말할 때

공항까지 가 주세요.

空港(くうこう)までお願(ねが)いします。

쿠-꼬-마데 오네가이 시마스

여기서 세워 주세요.

ここで止(と)めてください。

고꼬데 도메떼 구다사이

Mini Talk

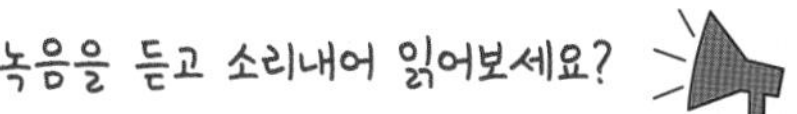
녹음을 듣고 소리내어 읽어보세요?

A: **どちらまでですか。**

도찌라마데데스까

B: **上野駅(うえのえき)までお願(ねが)いします。**

우에노에끼마데 오네가이시마스

A: **はい、わかりました。お荷物(にもつ)はありませんか。**

하이, 와까리마시다. 오니모쯔와 아리마셍까

B: **ここに旅行(りょこう)かばんが一(ひと)つあります。**

고꼬니 료꼬- 가방가 히토쯔 아리마스

A: 어디까지 가세요?

B: 우에노 역까지 부탁해요.

A: 네, 알겠습니다. 짐은 없습니까?

B: 여기 여행가방이 하나 있습니다.

TAXI

Check Point!

표시등에 빨간색 글자로 空車라고 쓰여 있는 택시는 탈 수 있으며, 왼쪽 뒷문을 자동으로 열어주면 승차합니다. 운전기사에게 행선지를 ~までお願いします(~까지 가주세요)라고 기사에게 말하고, 목적지를 잘 모를 때는 주소를 보이며 この住所までお願いします(이 주소로 가주세요)라고 말한 다음 내릴 때 요금을 지불하면 됩니다. 물론 신용카드 지불도 가능합니다.

Unit 03 버스를 탈 때

Basic Expression

버스정류장은 어디서 있어요?

バス停(てい)はどこにありますか。

바스떼-와 도꼬니 아리마스까

여기 버스정류장에서 내리면 돼요?

ここのバス停(てい)で降(お)りればいいですか。

고꼬노 바스떼-데 오리레바 이-데스까

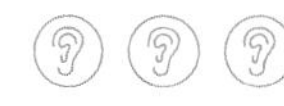

이 버스는 공원까지 가나요?

このバスは公園(こうえん)まで行(い)きますか。

고노 바스와 코-엠마데 이끼마스까

저기요. 이 자리는 비어 있어요?

すみません、この席(せき)は空(あ)いていますか。

스미마셍, 고노 세끼와 아이떼 이마스까

여기요, 내릴게요.

すみません、降(お)ります。

스미마셍, 오리마스

バスに乗(の)る 버스를 타다

버스터미널은 어디에 있어요?

バスターミナルはどこにありますか。

바스 타-미나루와 도꼬니 아리마스까

학습일 ／ □

녹음을 듣고 소리내어 읽어보세요?

A: すみませんが、銀座(ぎんざ)へ行(い)くには、何番(なんばん)のバスに乗(の)ればいいですか。

스미마셍가, 긴자에 이꾸니와, 남반노 바스니 노레바 이-데스까

B: 2番(にばん)です。

니반데스

A: 切符(きっぷ)はどこで買(か)いますか。

깁뿌와 도꼬데 가이마스까

B: すぐそこの店(みせ)で買(か)えます。

스구 소꼬노 미세데 가에마스

A: 죄송합니다만, 긴자에 가려면 몇 번 버스를 타야 합니까?

B: 2번입니다.

A: 표는 어디서 삽니까?

B: 바로 저 가게에서 살 수 있어요.

Check Point!

일본의 버스요금은 전 노선이 균일한 데도 있고, 거리에 따라서 요금이 가산되는 곳도 있습니다. 요즘은 전자식 IC카드 이용이 가능하며, 탑승구 오른쪽에 장착된 단말기에 터치한 후 내릴 때 운전사 옆에 장착된 단말기를 터치하면 자동으로 요금이 정산되므로, 이동 거리에 따라 요금이 달라지는 일본에서는 현금보다는 카드를 사용하는 것이 편리합니다.

Unit 04

전철·지하철을 탈 때

Basic Expression

가장 가까운 역은 어디인가요?

最寄(もよ)りの駅(えき)はどこですか。

모요리노 에끼와 도꼬데스까

もより(最寄り) 가장 가까움; 근처

지하철의 노선도는 없나요?

地下鉄(ちかてつ)の路線図(ろせんず)はありませんか。

치카테쯔노 로센즈와 아리마센까

이 전철을 타면 되나요?

この電車(でんしゃ)に乗(の)ればいいですか。

도노 덴샤니 노레바 이-데스까

電車 지상으로 달리는 전철

이 역은 급행전철이 서나요?

この駅(えき)は急行電車(きゅうこうでんしゃ)は止(と)まりますか。

고노 에끼와 큐-꼬-덴샤와 도마리마스까

各駅停車(かくえきていしゃ) 각 역마다 정차하는 전철

마지막 전철은 몇 시인가요?

終電(しゅうでん)は何時(なんじ)ですか。

슈-뎅와 난지데스까

어디서 갈아타나요?

どの駅(えき)で乗(の)り換(か)えるのですか。

도노 에끼데 노리까에루노데스까

학습일 / □

녹음을 듣고 소리내어 읽어보세요?

A: 上野(うえの)まで直行(ちょっこう)ですか。

우에노마데 촉꼬-데스까

B: いいえ、新宿(しんじゅく)まで行(い)って山(やま)の手線(てせん)に乗(の)り換(か)えなければなりません。

이-에, 신쥬꾸마데 잇떼 야마노테센니 노리까에나께레바 나리마셍

A: どこで乗(の)りますか。

도꼬데 노리마스까

B: 3番(さんばん)ホームで丸(まる)の内線(うちせん)にお乗(の)りください。

삼방 호-무데 마루노우찌센니 오노리 구다사이

A: 우에노까지 직행입니까?

B: 아니요, 신주쿠까지 가서
야마노테 선으로 갈아타야 해요.

A: 어디서 탑니까?

B: 3번 홈에서 마루노우치 선을 타십시오.

Check Point!

교통수단을 이용할 때는 우선 노선도를 구하도록 합시다. 전철이나 지하철 노선도는 어느 역에서나 무료로 얻을 수가 있습니다. 전철이나 지하철을 탈 경우에는 먼저 표를 자동판매기로 구입합니다. 보통 판매기 위쪽에 노선도가 걸려 있기 때문에 역의 이름과 요금을 알 수 있습니다. 목적지까지의 표를 구입한 다음에 개찰구를 통과하여 탑승하면 됩니다.

Unit

05 열차를 탈 때

Basic Expression

매표소는 어디에 있어요?

きっぷ う ば
切符売り場はどこですか。

깁뿌우리바와 도꼬데스까

도쿄까지 편도를 주세요.

とうきょう かたみちきっぷ
東京までの片道切符をください。

토-꾜-마데노 카따미찌 깁뿌오 구다사이

往復(おうふく) 왕복

더 이른 열차는 없어요?

はや れっしゃ
もっと早い列車はありませんか。

못또 하야이 렛샤와 아리마셍까

遅(おそ)い 늦다

이건 교토행인가요?

きょうと ゆ
これは京都行きですか。

고레와 쿄-또유끼데스까

-行き -행

중간에 내릴 수 있어요?

とちゅう げしゃ
途中で下車はできますか。

도쮸-데 게샤와 데끼마스까

乗車(じょうしゃ) 승차

열차를 놓치고 말았어요.

れっしゃ の おく
列車に乗り遅れてしまいました。

렛샤니 노리오꾸레떼 시마이마시다

학습일 ／ □

Mini Talk

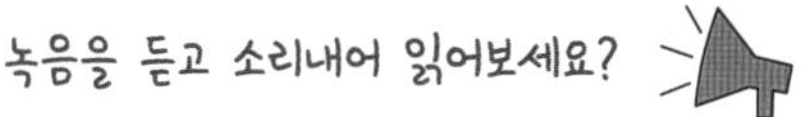
녹음을 듣고 소리내어 읽어보세요?

A: すみません。切符(きっぷ)売(う)り場(ば)はどこですか。

스미마셍. 깁뿌우리바와 도꼬데스까

B: この通路(つうろ)に沿(そ)って行(い)くと右(みぎ)にあります。

고노 쓰-로니 솟떼 이꾸또 미기니 아리마스

A: 奈良(なら)行(ゆ)きの特急往復切符(とっきゅうおうふくきっぷ)1枚(いちまい)ください。

나라유끼노 톳뀨- 오-후꾸 깁뿌 이찌마이 구다사이

B: いつですか。

이쯔데스까

A: 실례합니다. 매표소는 어디입니까?

B: 이 통로를 따라가시면 오른쪽에 있습니다.

A: 나라 행 특급 왕복 표 1장 주세요.

B: 언제입니까?

TiCKET

Check Point!

일본의 철도는 시간이 정확한 것과 안전성이 높기로 유명합니다. 최대 규모의 JR(일본철도) 그룹은 일본 전역의 그물망같은 노선망을 정비하고 있습니다. 열차표의 요금은 거리에 따라 다르며, 특급, 급행 등의 운행 형태나 좌석 형태에 따라서도 추가요금이 별도로 필요합니다. 열차표는 역 구내의 창구(みどりの窓口)나 각 역에 설치된 자동판매기에서 구입이 가능합니다.

Unit 06

비행기를 탈 때

Basic Expression

비행기 예약을 부탁할게요.

フライトの予約(よやく)をお願(ねが)いします。

후라이토노 요야꾸오 오네가이시마스

航空便(こううくびん) 항공편

지금 체크인할 수 있어요?

今(いま)チェックインできますか。

이마 첵쿠인 데끼마스까

이 짐은 기내로 가져 갈 거예요.

この荷物(にもつ)は機内(きない)持(も)ち込(こ)みです。

고노 니모쯔와 기나이 모찌꼬미데스

持ち込み 가지고 들어감; 지참

이 짐을 맡길게요.

この荷物(にもつ)を預(あず)けます。

고노 니모쯔오 아즈께마스

탑승은 시작되었어요?

搭乗(とうじょう)は始(はじ)まっていますか。

토-죠-와 하지맛떼 이마스까

몇 번 출구로 나가면 되죠?

何番(なんばん)ゲートに行(い)けばいいのですか。

남방 게-토니 이께바 이-노데스까

학습일 / □

녹음을 듣고 소리내어 읽어보세요? 

しゅっぱつ じ こく　かくにん
A: **出発時刻を確認したいのですが。**

숍빠쯔 지코꾸오 카꾸닌시따이노데스가

な まえ　ねが
B: **お名前をお願いします。**

오나마에오 오네가이시마스

キムヨン ス　い
A: **金永秀と言います。**

김영수또 이이마스

しょうしょう　ま　よ やく　かくにん
B: **少々お待ちくださいませ。(...)はい。ご予約を確認させていただきました。**

쇼-쇼- 오마찌 구다사이마세. (...)하이. 고요야꾸오 카꾸닌사세떼 이따다끼마시다

A: 출발 시각을 확인하고 싶은데요.

B: 성함을 말씀해 주세요.

A: 김영수라고 합니다.

B: 잠시만 기다려 주세요. (…) 자.
예약을 확인했습니다.

일본은 철도 노선이 발달되어 있기 때문에 일본 국내에서 이동은 비행기보다는 신칸센 등 철도를 이용하는 게 편리할 수도 있습니다. 하지만 일본항공(JAL), 전일공(ANA)을 비롯한 여러 항공사가 일본 전역에 걸쳐 광범위하게 노선을 운항하고 있습니다. 일정이 바쁜 여행자 혹은 신칸센이 운행되지 않는 지역으로 갈 때에는 국내선 이용이 편리합니다.

자동차를 운전할 때

Basic Expression

렌터카 목록을 보여 주세요.

み
レンタカーリストを見せてください。

렌타카- 리스토오 미세떼 구다사이

저는 오토매틱밖에 운전하지 못해요.

うんてん
わたしはオートマチックしか運転できません。

와따시와 오-토마칙쿠시까 운뗀 데끼마셍

도로지도를 주시겠어요?

どうろ ちず
道路地図をいただけますか。

도-로치즈오 이따다께마스까

いただけますか보다 가볍게 말할 때는 もらえますか

이 근처에 주유소가 있어요?

ちか
この近くにガソリンスタンドはありますか。

고노 치까꾸니 가소린스탄도와 아리마스까

여기에 주차해도 될까요?

ちゅうしゃ
ここに駐車してもいいですか。

고꼬니 츄-샤시떼모 이-데스까

駐車場(ちゅうしゃじょう) 주차장

차를 반환할게요.

くるま かえ
車を返します。

구루마오 가에시마스

Mini Talk

녹음을 듣고 소리내어 읽어보세요?

A: 駅(えき)までお送(おく)りします。

에끼마데 오오꾸리시마스

B: ええ、乗(の)せていただけると助(たす)かります。

에-, 노세떼 이따다께루또 다스까리마스

A: わたしもその近(ちか)くまで行(い)くところです。さあ、お乗(の)りください。

와따시모 소노 치까꾸마데 이꾸 도꼬로데스. 사-, 오노리 구다사이

B: じゃあ、お世話(せわ)になります。

쟈-아, 오세와니 나리마스

A: 역까지 모셔다 드릴게요.

B: 네, 태워 주시면 감사하겠습니다.

A: 저도 그 근처까지 가는 길이에요. 자, 타세요.

B: 그럼, 신세를 지겠습니다.

Check Point!

주요 도로의 대부분은 일본어와 영어 표지판을 사용하며 지방의 소도시에서는 표지판이 많지 않은 경우가 있습니다. 주요 도시 이외의 지역에서 운전을 계획한다면 출발 전에 신뢰할 수 있는 지도 맵, 네비게이션을 준비하는 것이 좋습니다. 렌터카를 이용하고 싶은 경우는 사전에 예약하는 것이 좋으며, 참고로 일본에서는 차는 좌측통행이며 고속도로는 유료입니다.

Unit 08

숙박할 때

Basic Expression

예약은 안 했는데요.

予約(よやく)はしていませんが。

요야꾸와 시떼 이마셍가

まだ~ていません 아직 ~하지 않았습니다

방을 보여 주세요.

部屋(へや)を見(み)せてください。

헤야오 미세떼 구다사이

좀 더 좋은 방은 없어요?

もっとよい部屋(へや)はありませんか。

못또 요이 헤야와 아리마셍까

룸서비스는 있어요?

ルームサービスはありますか。

루-무사-비스와 아리마스까

방을 바꿔 주세요.

部屋(へや)を替(か)えてください。

헤야오 가에떼 구다사이

체크아웃 할게요.

チェックアウトをお願(ねが)いします。

첵쿠아우토오 오네가이시마스

チェックイン 체크인

학습일 ／ □

녹음을 듣고 소리내어 읽어보세요?

A: **いらっしゃいませ。**

이랏샤이마세

B: **先週(せんしゅう)、予約(よやく)をしたんですけど。**

센슈-, 요야꾸오 시딴데스께도

A: **お名前(なまえ)は何(なん)とおっしゃいますか。**

오나마에와 난또 옷샤이마스까

B: **金永秀(キムヨンス)ですが。**

김영수데스가

A: 어서 오십시오.

B: 지난주에 예약을 했는데요.

A: 성함이 어떻게 되십니까?

B: 김영수인데요.

Check Point!

호텔을 현지에서 찾을 때는 공항이나 시내의 観光案内所에서 물어보도록 합시다. 예약을 해 주기도 하지만, 가능하면 한국에서 출발하기 전에 예약을 해 두는 것이 좋습니다. 호텔의 체크인 시각은 보통 오후 2시부터이므로 호텔 도착 시간이 오후 6시를 넘을 때는 예약이 취소되는 경우도 있으므로 늦을 경우에는 호텔에 도착시간을 전화로 알려두는 것이 좋습니다.

Unit 09

식당에서

Basic Expression

메뉴 좀 보여 주세요.

メニューを見(み)せてください。

메뉴-오 미세떼 구다사이

주문하시겠습니까?

ご注文(ちゅうもん)をなさいますか。

고츄-몽오 나사이마스까

なさる 하시다

주문받으세요.

注文(ちゅうもん)をしたいのですが。

츄-몽오 시따이노데스가

이것과 이것을 주세요.

これとこれをお願(ねが)いします。

고레또 고레오 오네가이시마스

메뉴를 가리키면서 주문할 때

나도 같은 것으로 주세요.

わたしにも同(おな)じ物(もの)をお願(ねが)いします。

와따시니모 오나지 모노오 오네가이시마스

같은 것을 시킬 때

저것과 같은 요리를 주세요.

あれと同(おな)じ料理(りょうり)をください。

아레또 오나지 료-리오 구다사이

다른 쪽 음식을 보고 시킬 때

Mini Talk

학습일 /

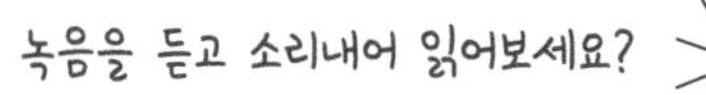
녹음을 듣고 소리내어 읽어보세요?

A: いらっしゃいませ。何名様(なんめいさま)ですか。

이랏샤이마세. 남메-사마데스까

B: 二人(ふたり)ですが。

후따리데스가

A: お好(す)きなところにおかけください。

오스끼나 도꼬로니 오카께 구다사이

B: メニューをください。

메뉴-오 구다사이

A: 어서 오십시오. 몇 분이세요?

B: 두 사람인데요.

A: 원하시는 곳에 앉으십시오.

B: 메뉴판을 주세요.

Check Point!

말이 잘 통하지 않더라도 대부분의 식당이 메뉴와 함께 그 요리에 관한 사진이 있으므로 메뉴를 보면 그 요리 내용을 대충 알 수 있습니다. 메뉴를 보고 싶을 때는 종업원에게 メニューを見せてくれますか라고 합니다. 주문할 요리가 정해지면 메뉴를 가리키며 これをください라고 하면 일본어를 모르더라도 종업원은 금방 알아차리고 요리 주문을 받을 수 있습니다.

Unit 10

음료와 술을 마실 때

Basic Expression

커피를 마실까요?

の
コーヒーを飲みましょうか。

코-히-오 노미마쇼-까

お茶(ちゃ) 차 / ジュース 주스 / コーラ 콜라

어디에서 한잔 할까요?

いっぱい
どこかで一杯やりましょうか。

도꼬까데 입빠이 야리마쇼-까

건배!

かんぱい
乾杯!

감빠이

ビール 맥주 / ウイスキー 위스키

술이 상당히 세 보이네요.

さけ　つよ
お酒がなかなか強そうですね。

오사께가 나까나까 쓰요소-데스네

저는 별로 못 마셔요.

の
わたしはあまり飲めないんですよ。

와따시와 아마리 노메나인데스요

飲める 마실 수 있다

잠깐 술을 깰게요.

よ
ちょっと酔いをさますよ。

촛또 요이오 사마스요

학습일 ／ □

Mini Talk

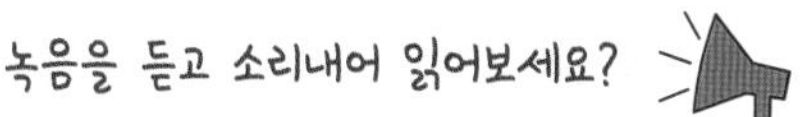
녹음을 듣고 소리내어 읽어보세요?

A: **何(なに)になさいますか。**

나니니 나사이마스까

B: **日本(にほん)のビールを飲(の)んでみたいです。**

니혼노 비-루오 논데 미따이데스

A: **アサヒとサッポロがありますが、どちらになさいますか。**

아사히또 삿뽀로가 아리마스가, 도찌라니 나사이마스까

B: **とりあえず、アサヒを2本(にほん)ください。**

도리아에즈, 아사히오 니홍 구다사이

A: 뭘 드시겠어요?

B: 일본 맥주를 마셔보고 싶습니다.

A: 아사히와 삿포로가 있는데
어느 것으로 하시겠어요?

B: 일단 아사히를 두 병 주세요.

Check Point!

카페나 다방은 커피나 차를 마시면서 상대와 대화를 차분하게 할 수 있는 좋은 공간입니다. 차를 마시자고 권할 때는 お茶をどうぞ라고 하면 됩니다. 또한 술을 마시는 건 어느 나라에서나 훌륭한 사교 수단의 하나입니다. 술을 마시다 보면 허심탄회한 이야기를 나눌 수 있고 일본어를 구사하는 데 있어서도 훨씬 자연스럽고 부담이 없음을 느낄 수 있을 것입니다.

Unit 11

관광안내소에서

Basic Expression

관광안내소는 어디에 있어요?

かんこうあんないじょ
観光案内所はどこですか。

캉꼬-안나이죠와 도꼬데스까

관광 팸플릿을 주세요.

かんこう
観光パンフレットをください。

캉꼬- 팡후렛토오 구다사이

여기서 볼 만한 곳을 알려 주세요.

み　　　　おし
ここの見どころを教えてください。

고꼬노 미도꼬로오 오시에떼 구다사이

見どころ 볼만한 곳

관광버스 투어는 없어요?

かんこう
観光バスツアーはありませんか。

캉꼬-바스 쓰아-와 아리마셍까

어떤 투어가 있어요?

どんなツアーがあるんですか。

돈나 쓰아-가 아룬데스까

半日(はんにち) 반나절 / 一日中(いちにちじゅう) 하루종일

야간 투어는 있어요?

ナイトツアーはありますか。

나이토 쓰아-와 아리마스까

녹음을 듣고 소리내어 읽어보세요?

A: いらっしゃいませ。ご用件(ようけん)は何(なん)でしょうか。

이랏샤이마세. 고요-껭와 난데쇼-까

B: 日帰(ひがえ)りではどこへ行(い)けますか。

히가에리데와 도꼬에 이께마스까

A: そうですね。では、箱根(はこね)はいかがでしょうか。

소-데스네. 데와, 하꼬네와 이까가데쇼-까

B: 東京(とうきょう)からどのくらいかかりますか。

토-꾜-까라 도노쿠라이 가까리마스까

A: 어서 오십시오. 무슨 용건이세요?

B: 당일치기로는 어디로 갈 수 있나요?

A: 글쎄요. 자, 하코네는 어떨까요?

B: 도쿄에서 얼마나 걸리죠?

Check Point!

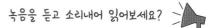

단체여행인 경우는 현지 가이드의 안내에 따라 관광을 하면 되지만, 개인여행인 경우는 현지의 観光案内所를 잘 활용하는 것도 즐거운 여행이 되는 하나의 방법입니다. 관광안내소는 대부분이 시내의 중심부에 있으며 볼거리 소개부터 버스 예약까지 여러 가지 서비스를 하고 있습니다. 무료 시내지도, 지하철 노선도 등이 구비되어 있으므로 정보수집에 매우 편리합니다.

Unit 12

관광지에서

Basic Expression

저것은 무엇이죠?

あれは何(なん)ですか。

아레와 난데스까

저 건물은 무엇이죠?

あの建物(たてもの)は何(なん)ですか。

아노 다떼모노와 난데스까

ビル 빌딩

저건 뭐라고 하죠?

あれは何(なん)と言(い)いますか。

아레와 난또 이-마스까

여기서 얼마나 머물죠?

ここでどのくらい止(と)まりますか。

고꼬데 도노쿠라이 도마리마스까

トイレ 화장실

몇 시에 버스로 돌아오면 되죠?

何時(なんじ)にバスに戻(もど)ってくればいいですか。

난지니 바스니 모돗떼 구레바 이-데스까

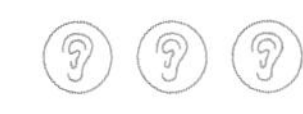

몇 시에 돌아와요?

何時(なんじ)に戻(もど)りますか。

난지니 모도리마스까

학습일 ／ □

Mini Talk

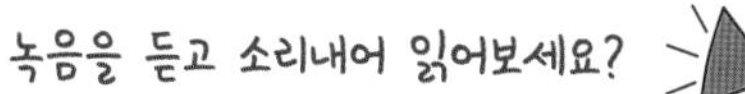
녹음을 듣고 소리내어 읽어보세요?

A: このお寺(てら)は古(ふる)いですか。

고노 오떼라와 후루이데스까

B: はい、有名(ゆうめい)なお寺(てら)の一(ひと)つです。

하이, 유-메-나 오떼라노 히토쯔데스

A: こういう所(ところ)に来(く)ると厳(おごそ)かな気持(きも)ちになります。

고-유- 도꼬로니 구루또 오고소까나 기모찌니 나리마스

B: たぶん深(ふか)い山(やま)にあるからなんでしょうね。

다붕 후까이 야마니 아루까라난데쇼-네

A: 이 절은 오래되었습니까?

B: 네, 유명한 절 중 하나예요.

A: 이런 곳에 오면 근엄한 기분이 들어요.

B: 아마 깊은 산에 있기 때문이겠죠.

Check Point!

일본은 화산, 해안 등 경관이 뛰어나고 온천이 많아서 자연적인 관광자원과 교토, 나라, 가마쿠라 및 도쿄 등 옛 정치중심지에는 역사적인 관광자원이 풍부합니다. 또한 도쿄, 오사카, 나고야 등 대도시에서는 고층건물과 번화가, 공원, 박물관, 미술관 등 경제대국으로서의 일본의 도시적인 관광자원을 다양하게 접할 수 있습니다.

Unit 13

관람할 때

Basic Expression

입장은 유료인가요, 무료인가요?

にゅうじょう　ゆうりょう　むりょう
入場は有料ですか、無料ですか。

뉴-죠-와 유-료-데스까, 무료-데스까

입장료는 얼마죠?

にゅうじょうりょう
入場料はいくらですか。

뉴-죠-료-와 이꾸라데스까

博物館(はくぶつかん) 박물관 / 美術館(びじゅつかん) 미술관

단체할인은 없나요?

だんたいわりびき
団体割引はありませんか。

단따이 와리비끼와 아리마셍까

劇場(げきじょう) 극장 / 動物園(どうぶつえん) 동물원

이걸로 모든 전시를 볼 수 있어요?

てんじ　み
これですべての展示が見られますか。

고레데 스베떼노 텐지가 미라레마스까

見られる 볼 수 있다

전시 팸플릿은 있어요?

てんじ
展示のパンフレットはありますか。

텐지노 팡후렛토와 아리마스까

재입관할 수 있어요?

さいにゅうかん
再入館できますか。

사이뉴-깐 데끼마스까

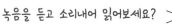

학습일 /

녹음을 듣고 소리내어 읽어보세요?

A: 2回目(にかいめ)の上映(じょうえい)のチケットはありますか。

니까이메노 죠-에-노 치켓토와 아리마스까

B: すみません、2回目(にかいめ)のチケットは売(う)り切(き)れました。

스미마셍. 니까이메노 치켓토와 우리끼레마시다

A: 次(つぎ)の上映(じょうえい)は何時(なんじ)からですか。

쓰기노 죠-에-와 난지까라데스까

B: 5時(ごじ)です。

고지데스

A: 두 번째 상영 티켓은 있나요?

B: 미안합니다, 두 번째 표는 매진되었습니다.

A: 다음 상영은 몇 시부터인가요?

B: 5시입니다.

잘 알려진 일본의 유명한 관광지는 비슷비슷한 곳이거나 사람들이 너무 많아 일본의 정취를 느끼기 힘든 것도 사실입니다. 이런 분들은 역사 박물관이나 미술관을 관람하세요. 그밖에 취미생활을 살릴 수 있는 인형, 완구 박물관이 있으며, 과학, 철도 등 이색 박물관이 곳곳에 산재해 있으므로 여행을 떠나기 전에 미리 알아두면 보다 알찬 여행을 즐길 수 있습니다.

Unit 14

사진을 찍을 때

Basic Expression

사진 좀 찍어 주시겠어요?

写真(しゃしん)を撮(と)ってもらえませんか。

샤싱오 돗떼 모라에마셍까

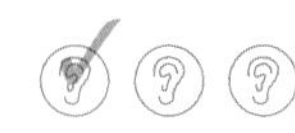

여기서 사진을 찍어도 될까요?

ここで写真(しゃしん)を撮(と)ってもいいですか。

고꼬데 샤싱오 돗떼모 이-데스까

写真を撮る 사진을 찍다

여기에서 우리들을 찍어 주세요.

ここからわたしたちを写(うつ)してください。

고꼬까라 와따시타찌오 우쯔시떼 구다사이

写真を写す 사진을 박다

자, 김치.

はい、チーズ。

하이, 치-즈

여러 분, 찍을게요.

皆(みな)さん、写(うつ)しますよ。

미나상, 우쯔시마스요

한 장 더 부탁할게요.

もう一枚(いちまい)お願(ねが)いします。

모- 이찌마이 오네가이 시마스

Mini Talk

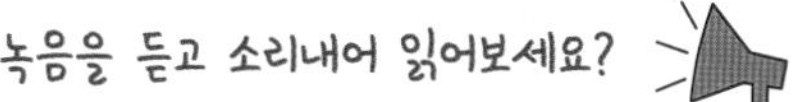
녹음을 듣고 소리내어 읽어보세요?

A: すみません、写真(しゃしん)を撮(と)っていただけませんか。
스미마셍, 샤싱오 돗떼 이따다께마셍까

B: はい、どこで撮(と)りましょうか。
하이, 도꼬데 도리마쇼-까

A: あの建物(たてもの)の前(まえ)で撮(と)りたいのですが。
아노 다떼모노노 마에데 도리따이노데스가

B: ここを見(み)て、笑(わら)ってください。はい。
고꼬오 미떼, 와랏떼 구다사이. 하이

A: 미안합니다, 사진 좀 찍어주시겠어요?

B: 네, 어디서 찍을까요?

A: 저 건물 앞에서 찍고 싶은데요.

B: 여기 보고 웃으세요. 네 좋습니다.

Check Point!

사진을 촬영하려면 상대에게 写真を撮ってもいいですか라고 먼저 허락을 받고 찍으면 문제가 되지 않지만, 허락없이 멋대로 촬영하면 누구라도 불쾌해 할 것입니다. 요즘 여행객들은 스마트폰으로 쉽게 사진 촬영을 할 수 있기 때문에 함부로 사진을 찍는 경향이 있습니다. 그리고 관광지에서 사진을 촬영하기 전에는 금지구역인지를 알아볼 필요가 있습니다.

Unit 15

쇼핑할 때

Basic Expression

쇼핑가는 어디에 있죠?

ショッピング街(がい)はどこですか。

숍핑구가이와 도꼬데스까

商店街(しょうてんがい) 상가

면세점은 어디에 있죠?

免税店(めんぜいてん)はどこにありますか。

멘제-뗑와 도꼬니 아리마스까

이 주변에 백화점은 있어요?

この辺(あた)りにデパートはありますか。

고노 아따리니 데파-토와 아리마스까

그건 어디서 살 수 있어요?

それはどこで買(か)えますか。

소레와 도꼬데 가에마스까

그 가게는 오늘 문을 열었어요?

その店(みせ)は今日(きょう)開(あ)いていますか。

소노 미세와 쿄- 아이떼 이마스까

閉(と)じる 닫다

몇 시까지 하죠?

何時(なんじ)まで開(あ)いていますか。

난지마데 아이떼 이마스까

Mini Talk

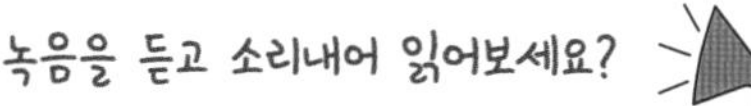
녹음을 듣고 소리내어 읽어보세요?

A: すみませんが、特産品(とくさんひん)コーナーを教(おし)えてくださいませんか。

스미마셍가, 토꾸상힝 코-나-오 오시에떼 구다사이마셍까

B: 三階(さんがい)です。エスカレーターを降(お)りると右手(みぎて)に見(み)えます。

상가이데스. 에스카레-타-오 오리루또 미기떼니 미에마스

A: エスカレーターはどこにありますか。

에스카레-타-와 도꼬니 아리마스까

B: すぐそこです。

스구 소꼬데스

A: 죄송합니다만, 특산품 코너를 알려주시겠습니까?

B: 3층입니다. 에스컬레이터에서 내리면 오른쪽에 보입니다.

A: 에스컬레이터는 어디에 있습니까?

B: 바로 저기입니다.

Check Point!

일본여행의 선물로 인기가 있는 품목은, 카메라, 비디오카메라, 시계 등의 정밀기기와, 기모노, 진주, 도자기, 죽공예품, 판화, 골동품 등의 전통공예품을 들 수 있습니다. 이러한 품목들은 각지의 전문점은 물론, 백화점에서도 쉽게 구입할 수 있습니다. 여행에서 쇼핑도 빼놓을 수 없는 즐거움의 하나입니다. 꼭 필요한 품목은 미리 계획을 짜서 충동구매를 피하도록 합시다.

Unit 16

물건을 찾을 때

Basic Expression

무얼 찾으세요?

何(なに)かお探(さが)しですか。

나니까 오사가시데스까

그냥 구경하는 거예요.

見(み)ているだけです。

미떼이루 다께데스

가게에서 구경할 때 쓰는 말

잠깐 봐 주시겠어요?

ちょっとよろしいですか。

촛또 요로시-데스까

よろしい는 よい의 격식 차린 말씨 : 좋다; 나쁘지 않다; 괜찮다

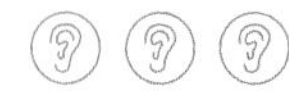

재킷을 찾는데요.

ジャケットを探(さが)しています。

쟈켓토오 사가시떼 이마스

이것과 같은 것은 없어요?

これと同(おな)じものはありませんか。

고레또 오나지 모노와 아리마셍까

이것뿐이에요?

これだけですか。

고레다께데스까

학습일 ／ □

Mini Talk

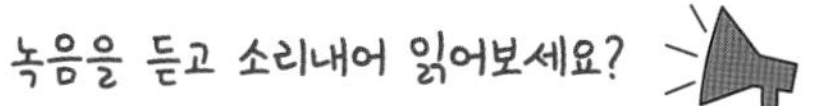
녹음을 듣고 소리내어 읽어보세요?

A: どんなものをお探(さが)しですか。

돈나 모노오 오사가시데스까

B: 黒(くろ)の靴(くつ)はありますか。

구로노 구쯔와 아리마스까

A: はい、こちらにどうぞ。これはいかがですか。

하이, 고찌라니 도-조. 고레와 이까가데스까

B: 履(は)いてみてもいいですか。

하이떼 미떼모 이-데스까

A: 어떤 것을 찾으세요?

B: 검정색 구두는 있나요?

A: 네, 이쪽으로 오세요. 이것은 어떻습니까?

B: 신어봐도 될까요?

Check Point!

가게에 들어서면 제일 먼저 종업원이 いらっしゃいませ라고 큰소리로 인사를 하며 손님을 맞이합니다. 何をお探しですか(뭐를 찾으십니까?)라고 물었을 때 구경만 하고 싶을 경우에는 見ているだけです(보고 있습니다)라고 대답하면 됩니다. 종업원이 손님에게 말을 걸었는데도 대답을 하지 않거나 무시하는 것은 상대에게 실례가 됩니다.

Unit 17

물건을 고를 때

Basic Expression

그걸 봐도 될까요?

それを見(み)てもいいですか。

소레오 미떼모 이-데스까

몇 가지 보여 주세요.

いくつか見(み)せてください。

이꾸쓰까 미세떼 구다사이

다른 것을 보여 주세요.

別(べつ)のものを見(み)せてください。

베쯔노 모노오 미세떼 구다사이

더 좋은 것은 없어요?

もっといいのはありませんか。

못또 이-노와 아리마셍까

사이즈는 이것뿐이에요?

サイズはこれだけですか。

사이즈와 고레다께데스까

~だけ ~만, 뿐

다른 디자인은 없어요?

ほかのデザインはありませんか。

호까노 데자잉와 아리마셍까

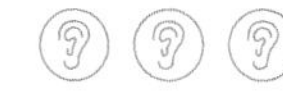

학습일 ／ □

Mini Talk

녹음을 듣고 소리내어 읽어보세요?

A: あのお財布(さいふ)を見(み)せてください。

아노 오사이후오 미세떼 구다사이

B: これですか。

고레데스까

A: いいえ、その横(よこ)のです。

이-에, 소노 요꼬노데스

B: この小(ち)さいほうですか。

고노 치-사이 호-데스까

A: 저 지갑을 보여주세요.

B: 이거예요?

A: 아니오, 그 옆의 것이에요.

B: 이 작은 것 말입니까?

Check Point!

쇼핑을 할 때 가게에 들어가서 상품에 함부로 손을 대지 않도록 합시다. 가게에 진열되어 있는 상품에 손을 대는 것은 어느 정도 살 마음이 있다고 상대가 받아들일 수도 있습니다. 보고 싶을 경우에는 옆에 있는 점원에게 부탁을 해서 꺼내오도록 해야 합니다. 만약 찾는 물건이 보이지 않을 때는 ~を見せてください(~을 보여주세요)라고 해보세요.

Unit 18

물건 값을 계산할 때

Basic Expression

전부해서 얼마죠?

ぜん ぶ
全部でいくらですか。

젬부데 이꾸라데스까

이건 세일 중이에요?

ちゅう
これはセール中ですか。

고레와 세-루 츄-데스까

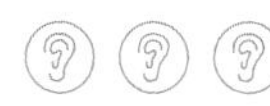

이건 너무 비싸요.

たか
これは高すぎます。

고레와 다까스기마스

~すぎる 너무 ~하다

좀 더 깎아 줄래요?

すこ ま
もう少し負けてくれますか。

모- 스꼬시 마께떼 구레마스까

더 싼 것은 없어요?

やす
もっと安いものはありませんか。

못또 야스이 모노와 아리마셍까

더 싸게 해 주실래요?

やす
もっと安くしてくれませんか。

못또 야스꾸시떼 구레마셍까

Mini Talk

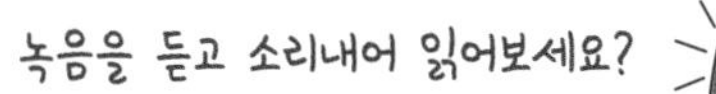
녹음을 듣고 소리내어 읽어보세요?

A: **これはいくらですか。**

고레와 이꾸라데스까

B: **1万円(いちまんえん)です。**

이찌망엔데스

A: **高(たか)すぎます。ちょっと負(ま)けてください。**

다까스기마스. 촛또 마께떼 구다사이

B: **そんなに高(たか)くないです。**

손나니 다까꾸 나이데스

A: 이것은 얼마입니까?

B: 만 엔입니다.

A: 너무 비싸요. 좀 깎아주세요.

B: 그렇게 비싸지 않아요.

Check Point!

할인점이나 시장 등에서는 각격이 비싸다(高い), 싸다(安い)하며 흥정을 하게 됩니다. 흥정할 때는 少し割引きできませんか라고 하면 됩니다. 거의 모든 가게에서 현금, 신용카드, 여행자수표 등으로 물건 값을 계산할 수 있지만, 여행자수표를 사용할 때는 여권의 제시를 요구하는 가게도 있으며, 번잡한 가게나 작은 가게에서는 여행자수표를 꺼리는 경우도 있습니다.

포장이나 배달을 원할 때

Basic Expression

듣기

이건 배달해 주세요.

これは配達(はいたつ)してください。

고레와 하이따쯔시떼 구다사이

호텔까지 갖다 주시겠어요?

ホテルまで届(とど)けてもらえますか。

호테루마데 도도께떼 모라에마스까

~てもらう ~해 받다

언제 배달해 주시겠어요?

いつ届(とど)けてもらえますか。

이쯔 도도께떼 모라에마스까

별도 요금이 드나요?

別料金(べつりょうきん)がかかりますか。

베쯔료-낑가 가까리마스까

お金(かね)がかかる 돈이 들다

이 주소로 보내 주세요.

この住所(じゅうしょ)に送(おく)ってください。

고노 쥬-쇼니 오꿋떼 구다사이

구입한 게 아직 배달되지 않았어요.

買(か)ったものがまだ届(とど)きません。

갓따 모노가 마다 도도끼마셍

학습일 ／ □

녹음을 듣고 소리내어 읽어보세요?

A: 配達(はいたつ)もしてくれますか。

하이따쯔모 시떼 구레마스까

B: はい、品物(しなもの)はどこへでもお届(とど)けします。

하이, 시나모노와 도꼬에데모 오또도께시마스

A: では、これをうちへ届(とど)けてください。

데와, 고레오 우찌에 도도께떼 구다사이

B: 承知(しょうち)しました。ここに住所(じゅうしょ)を書(か)いてください。

쇼-찌시마시다. 고꼬니 쥬-쇼오 가이떼 구다사이

A: 배달도 해 줍니까?

B: 네, 물건은 어디든지 배달됩니다.

A: 그럼, 이것을 저희 집으로 배달해 주세요.

B: 알겠습니다. 여기에 주소를 적어주세요.

Check Point!

일본여행을 하면서 선물을 구입할 때는 받는 사람을 위해서 정성스럽게 포장을 부탁하게 됩니다. 매장에서 물건을 구입할 때 부피가 크거나 무거워서 들고 다니기 힘든 경우는 머물고 있는 호텔에 직접 배달을 これをホテルまで配達してください라고 부탁하거나, 아니면 매장의 따라 한국으로 직접 배송을 부탁할 수도 있습니다.

교환이나 환불을 원할 때

Basic Expression

반품하고 싶은데요.

へんぴん
返品したいのですが。

헴삔시따이노데스가

아직 쓰지 않았어요.

つか
まだ使っていません。

마다 쓰깟떼 이마셍

이걸 어제 샀어요.

か
これをきのう買いました。

고레오 기노- 가이마시다

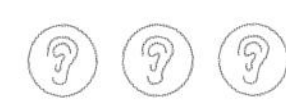

다른 것으로 바꿔 주세요.

べつ　と　か
別のものと取り替えてください。

베쯔노 모노또 도리까에떼 구다사이

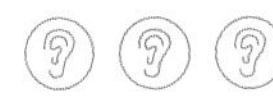

영수증은 여기 있어요.

りょうしゅうしょ
領収書はここにあります。

료-슈-쇼와 고꼬니 아리마스

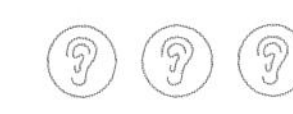

환불해 주시겠어요?

へんきん
返金してもらえますか。

헹낀시떼 모라에마스까

Mini Talk

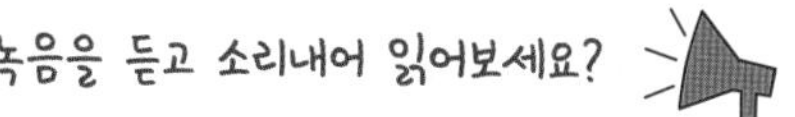
녹음을 듣고 소리내어 읽어보세요?

A: このジャケットを別(べつ)のと取(と)り替(か)えたいんですが。

고노 쟈켓토오 베쯔노또 도리까에따인데스가

B: 何(なに)か問題(もんだい)でもありますか。

나니까 몬다이데모 아리마스까

A: これ、きのう買(か)ったのですが、気(き)に入(い)らないんです。

고레, 기노- 갓따노데스가, 기니 이라나인데스

B: 承知致(しょうちいた)しました。ひととおり見(み)て回(まわ)ってください。

쇼-찌 이따시마시다. 히또토-리 미떼 마왓데 구다사이

A: 이 재킷을 다른 것으로 바꾸고 싶은데요.

B: 무슨 문제라도 있나요?

A: 이거 어제 샀는데 마음에 안 들어요.

B: 알겠습니다. 한번 둘러보세요.

Check Point!

쇼핑을 할 때는 물건을 꼼꼼히 잘 살펴보고 구입하면 매장에 다시 찾아가서 교환이나 환불을 요구할 필요가 없습니다. 더구나 외국에서는 말이 잘 통하지 않기 때문에 어려움이 있기 마련입니다. 그러나 만에 하나 구입한 물건에 하자가 있을 때는 여기서의 표현을 잘 익혀두어 새로운 물건으로 교환을 받거나 원하는 물건이 없을 때 거리낌없이 당당하게 환불을 받도록 합시다.

Unit 21

은행에서

Basic Expression

은행은 어디에 있어요?

銀行(ぎんこう)はどこにありますか。

깅꼬-와 도꼬니 아리마스까

円(えん) 엔; 일본화폐 단위

현금인출기는 어디에 있어요?

ATMはどこにありますか。

ATM와 도꼬니 아리마스까

現金自動支払機(げんきんじどうしはらいき) 현금자동인출기

계좌를 트고 싶은데요.

口座(こうざ)を設(もう)けたいのですが。

코-자오 모-께따이노데스가

예금하고 싶은데요.

預金(よきん)したいのですが。

요낀시따이노데스가

貯金(ちょきん) 저금

환전 창구는 어디죠?

両替(りょうがえ)の窓口(まどぐち)はどちらですか。

료-가에노 마도구찌와 도찌라데스까

대출 상담을 하고 싶은데요.

ローンの相談(そうだん)をしたいのですが。

로-온노 소-당오 시따이노데스가

학습일 /

Mini Talk

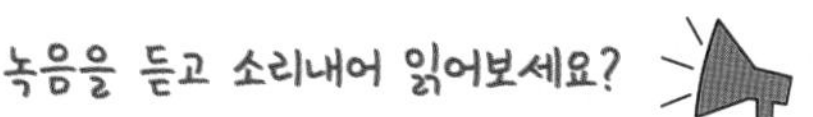
녹음을 듣고 소리내어 읽어보세요?

A: どこで日本円(にほんえん)をウォンに変(か)えることができますか。

도꼬데 니혼엥오 원니 가에루 고또가 데끼마스까

B: 両替(りょうがえ)は隣(となり)の窓口(まどぐち)にいらっしゃってください。

료-가에와 도나리노 마도구찌니 이랏샤떼 구다사이

A: あそこのことですか。

아소꼬노 고또데스까

B: はい、あちらの女性(じょせい)がお伺(うかが)い致(いた)します。

하이, 아찌라노 죠세-가 오우까가이 이따시마스

A: 어디서 엔화를 원화로 바꿀 수 있죠?

B: 환전은 옆 창구로 가십시오.

A: 저기 말씀입니까?

B: 네, 저쪽 여성이 맞이하겠습니다.

Check Point!

통장을 개설할 때는 외국인등록증이나 여권을 지참해야 합니다. 자유롭게 입출금할 수 있는 예금통장을 만드는 것이 편리하며 은행 업무시간은 우리와 동일합니다. 일본의 화폐단위는 円(えん)으로서 시중에서 사용되고 있는 화폐의 종류는 동전이 1, 5, 10, 50, 100, 500円의 여섯 가지이며, 지폐는 1000, 2000, 5000, 10000円 네 가지입니다.

Unit 22

우체국에서

Basic Expression

우체국은 어디에 있죠?

ゆうびんきょく
郵便局はどこにありますか。

유-빙쿄꾸와 도꼬니 아리마스까

우표는 어디서 살 수 있죠?

きって　か
切手はどこで買えますか。

깃떼와 도꼬데 가에마스까

記念切手(きねんきって) 기념우표

빠른우편으로 부탁해요.

そくたつ　ねが
速達でお願いします。

소꾸타쯔데 오네가이시마스

항공편으로 보내 주세요.

こうくうびん
航空便にしてください。

코-꾸-빈니 시떼 구다사이

船便(ふなびん) 선편

이 소포를 한국에 보내고 싶은데요.

こづつみ　かんこく　おく
この小包を韓国に送りたいのですが。

고노 코즈쯔미오 캉코꾸니 오꾸리따이노데스가

이 소포의 무게를 달아 주세요.

こづつみ　おも　はか
この小包の重さを計ってください。

고노 고즈쯔미노 오모사오 하깟떼 구다사이

녹음을 듣고 소리내어 읽어보세요?

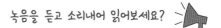

A: この小包(こづつみ)を韓国(かんこく)に送(おく)りたいんですが。

고노 코즈쯔미오 캉코꾸니 오꾸리따인데스가

B: 中身(なかみ)は何(なん)ですか。

나까미와 난데스까

A: お土産(みやげ)です。速達(そくたつ)で送(おく)るとどのくらいかかりますか。

오미야게데스. 소꾸타쯔데 오꾸루또 도노쿠라이 가까리마스까

B: 二日(ふつか)あれば着(つ)きます。

후쯔까 아레바 쓰끼마스

A: 이 소포를 한국에 보내고 싶은데요.

B: 내용물은 무엇입니까?

A: 선물입니다. 속달로 보내면 얼마나 걸리나요?

B: 이틀이면 도착해요.

Check Point!

일본의 우체국도 우리처럼 편지, 소포배달 이외에 저금, 보험 등의 업무도 취급합니다. 업무시간은 월요일부터 금요일까지로 오전 9시부터 오후 5시까지 하며 토·일요일 및 경축일은 쉽니다. 또 우표나 엽서는 우체국 외에 kiosk(전철역에 있는 매장)등 [〒]mark가 있는 상점에서도 판매합니다. post box는 도로 여기저기에 설치되어 있고 적색으로 mark가 붙어 있습니다.

Unit 23

이발소에서

Basic Expression

머리를 자르고 싶은데요.

髪(かみ)を切(き)りたいのですが。

가미오 기리따이노데스가

理髪店(りはつてん), 床屋(とこや) 이발소

머리를 조금 잘라 주세요.

髪(かみ)を少(すこ)し刈(か)ってください。

가미오 스꼬시 갓떼 구다사이

이발만 해 주세요.

散髪(さんぱつ)だけお願(ねが)いします。

삼빠쯔다께 오네가이시마스

ひげをそる 수염을 깎다; 면도하다

어떻게 자를까요?

どのように切(き)りましょうか。

도노요-니 기리마쇼-까

평소 대로 해 주세요.

いつもどおりにお願(ねが)いします。

이쯔모 도-리니 오네가이시마스

머리를 염색해 주세요.

髪(かみ)の毛(け)を染(そ)めてください。

가미노께오 소메떼 구다사이

녹음을 듣고 소리내어 읽어보세요?

A: どのようにカットいたしましょう?

도노요-니 캇토 이따시마쇼-

B: 短(みじか)く切(き)りたいです。

미지까꾸 기리따이데스

A: どのくらい短(みじか)くしますか。

도노쿠라이 미지까꾸 시마스까

B: これくらいまでお願(ねが)いします。

고레쿠라이마데 오네가이시마스

A: 어떻게 잘라 드릴까요?

B: 짧게 자르고 싶어요.

A: 얼마나 짧게 할까요?

B: 이 정도까지 짧게 해 주세요.

Check Point!

이발소는 理容室(りようしつ), 床屋(とこや)라고도 한하며, 친근감을 담아 床屋(とこや)さん이라고 부르는 경우도 많습니다. 정기 휴일은 대개 월요일이며, 이발소 안에는 흔히 남자 모델 사진이 있으므로 그것을 보고 머리 모양을 정해도 됩니다. 우리보다 요금은 비싼 편이며, 우리와는 달리 이발소와 미장원을 합친 미이용원이 많습니다.

Unit 24 미용실에서

Basic Expression

괜찮은 미용실을 아세요?

いい美容院(びよういん)を知(し)りませんか。

이- 비요-잉오 시리마셍까

파마를 예약하고 싶은데요.

パーマを予約(よやく)したいのですが。

파-마오 요야꾸시따이노데스가

パーマをかける 파마를 하다

커트와 파마를 부탁할게요.

カットとパーマをお願(ねが)いします。

캇토또 파-마오 오네가이시마스

얼마나 커트를 할까요?

どれくらいカットしますか。

도레쿠라이 캇토 시마스까

다듬기만 해 주세요.

そろえるだけでお願(ねが)いします。

소로에루다께데 오네가이시마스

짧게 자르고 싶은데요.

ショートにしたいのですが。

쇼-토니 시따이노데스가

학습일 /

Mini Talk

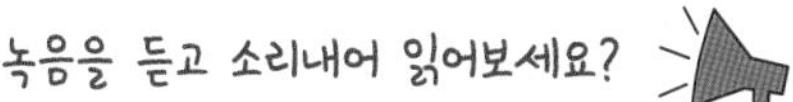
녹음을 듣고 소리내어 읽어보세요?

A: **どんなスタイルになさいますか。**

돈나 스타이루니 나사이마스까

B: **何(なに)かちょっと一味違(ひとあじちが)うスタイルはないでしょうか。**

나니까 춋또 히또아지 치가우 스타이루와 나이데쇼-까

A: **特(とく)にこうしたいというのはありますか。**

토꾸니 고- 시따이또이우 노와 아리마스까

B: **いいえ、まだ決(き)まっていません。**

이-에, 마다 기메떼 이마셍

A: 어떤 스타일로 하시겠습니까?

B: 뭐 좀 색다른 스타일은 없을까요?

A: 특별히 이렇게 하고 싶은 게 있나요?

B: 아뇨, 아직 정하지 못했어요.

Check Point!

우리처럼 일본의 미용실의 미용은 머리 손질만을 말하는 것이 아니라, 얼굴이나 모습을 아름답게 하는 일 전반을 가리키며 美容室(びようしつ), beauty salon, hair salon 등 여러 가지로 불리고 있습니다. 말이 잘 통하지 않을 때는 비치된 헤어스타일북을 보고 마음에 든 헤어스타일이 있으면 このようにしてください라고 하면 됩니다.

Unit 25

세탁소에서

Basic Expression

세탁소에 갖다 주고 와요.

クリーニングに出(だ)してきてね。

쿠리-닝구니 다시떼 기떼네

洗濯(せんたく)する 세탁하다

드라이클리닝을 해 주세요.

ドライクリーニングをお願(ねが)いします。

도라이쿠리-닝구오 오네가이시마스

셔츠에 있는 이 얼룩은 빠질까요?

シャツのこのシミは取(と)れますか。

샤츠노 고노 시미와 도레마스까

다림질을 해 주세요.

アイロンをかけてください。

아이롱오 가케떼 구다사이

언제 될까요?

いつ仕上(しあ)がりますか。

이쯔 시아가리마스까

仕上がる 마무리되다

치수를 고쳐 주실래요?

寸法(すんぽう)を直(なお)してもらえますか。

슴뽀-오 나오시떼 모라에마스까

Mini Talk

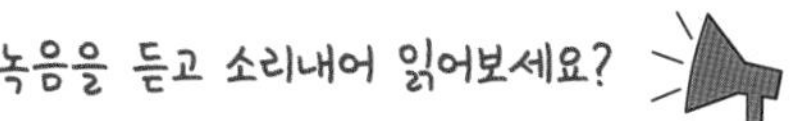
녹음을 듣고 소리내어 읽어보세요?

A: **これ、ドライクリーニングをお願(ねが)いします。**

고레, 도라이쿠리-닝구오 오네가이시마스

B: **はい、全部(ぜんぶ)で5点(ごてん)ですね。**

하이, 젬부데 고뗀데스네

A: **このズボンの長(なが)さも詰(つ)めたいんですが。**

고노 즈본노 나가사모 쓰메따인데스가

B: **どのくらい詰(つ)めましょうか。**

도노쿠라이 쓰메마쇼-까

A: 이거 드라이클리닝 좀 부탁합니다.

B: 네, 모두 5점이군요.

A: 이 바지의 길이도 줄이고 싶은데요.

B: 어느 정도 줄일까요?

Check Point!

일본에는 주택가가 아닌 도심 한가운데에 '미사즈 히트'라는 작은 세탁소가 붐을 일으키고 있습니다. 더럽혀진 옷을 급히 세탁해야 하는 경우에도 이용되지만 주로 출근길에 맡기고 퇴근길에 찾아가는 독신 남녀, 맞벌이 부부들이 애용하고 있습니다. 클리닝을 부탁할 때는 クリーニングをお願いします, 다림질을 부탁할 때는 アイロンをお願いします라고 하면 됩니다.

PART 03 실력 체크!

★ 앞에서 배운 대화 내용입니다. 한글을 영어로 말해보세요. 잘 모르시겠다고요? 걱정마세요. 녹음이 있잖아요. 그리고 정답은 각 유닛에서 확인하세요.

01 A: 마루이 백화점은 어디일까요?
B: あそこに高いビルが見えるでしょうか。

02 A: どちらまでですか。
B: 우에노 역까지 부탁해요.

03 A: すみませんが、 긴자에 가려면 몇 번 버스를 타야 합니까?
B: 2番です。

04 A: 어디서 탑니까?
B: 3番ホームで丸の内線にお乗りください。

05 A: すみません。 매표소는 어디입니까?
B: この通路に沿って行くと右にあります。

06 A: 출발 시간을 확인하고 싶은데요.
B: お名前をお願いします。

07 A: 역까지 모셔다 드릴게요.
B: ええ、乗せていただけると助かります。

08 A: いらっしゃいませ。
B: 先週、 예약을 했는데요.

09 A: いらっしゃいませ。 몇 분이세요?
B: 二人ですが。

10 A: 뭘 드시겠어요?
B: 日本ビールを飲んでみたいです。

11 A: いらっしゃいませ。ご用件は何でしょうか。
B: 당일치기로는 어디로 갈 수 있나요?

12 A: このお寺は古いですか。
B: はい、 유명한 절 중 하나예요.

13 A: 2回目上映の 티켓은 있습니까?
B: すみません、2回目のチケットは売り切れました。

14 A: すみません、사진 좀 찍어주시겠어요?
B: はい、どこで撮りましょうか。

15 A: すみませんが、특산품 코너를 알려주시겠습니까?
B: 三階です。エスカレーターを降りると右手に見えます。

16 A: 어떤 것을 찾으세요?
B: 黒の靴はありますか。

17 A: 저 지갑을 보여주세요.
B: これですか。

18 A: 이것은 얼마입니까?
B: 1万円です。

19 A: 배달도 해 줍니까?
B: はい、品物はどこへでもお届きます。

20 A: 이 재킷을 다른 것으로 바꾸고 싶은데요.
B: 何か問題でもありますか。

21 A: 어디서 엔화를 원화로 바꿀 수 있죠?
B: 両替は隣の窓口にいらっしゃってください。

22 A: 이 소포를 한국에 보내고 싶은데요.
B: 中身は何ですか。

23 A: 어떻게 잘라 드릴까요?
B: 短く切りたいです。

24 A: 어떤 스타일로 하시겠습니까?
B: 何かちょっと一味違うスタイルはないでしょうか。

25 A: 이거 드라이클리닝 좀 부탁합니다.
B: はい、全部で5点ですね。

PART 04 Expression

전화 · 사교 · 긴급 표현

Unit 01

전화를 걸 때

Basic Expression

여보세요. 한국에서 온 김인데요.

かんこく　き　キム
もしもし。韓国から来た金ですが。

모시모시. 캉코꾸까라 기따 김데스가

여보세요. 요시다 씨 댁이죠?

よしだ　たく
もしもし、吉田さんのお宅ですか。

모시모시, 요시다산노 오따꾸데스까

나카무라 씨와 통화하고 싶은데요.

なかむら　はな
中村さんと話したいんですが。

나까무라산또 하나시따인데스가

여보세요. 스즈키 씨 좀 바꿔주세요.

すずき　ねが
もしもし、鈴木さんをお願いします。

모시모시, 스즈키상오 오네가이시마스

여보세요, 그쪽은 다나카 씨이세요?

たなか
もしもし、そちらは田中さんでしょうか。

모시모시, 소찌라와 다나카산데쇼-까

요시노 선생님은 계세요?

よしの　せんせい
吉野先生はいらっしゃいますか。

요시노 센세-와 이랏샤이마스까

いらっしゃる 계시다, 가시다, 오시나

Mini Talk

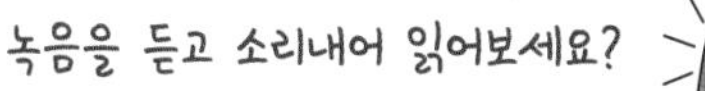
녹음을 듣고 소리내어 읽어보세요?

A: もしもし、吉田(よしだ)さんをお願(ねが)いします。

모시모시, 요시다상오 오네가이시마스

B: 失礼(しつれい)ですが、どちら様(さま)でしょうか。

시쯔레-데스가, 도찌라사마데쇼-까

A: 韓国(かんこく)から来(き)た金永秀(キムヨンス)と申(もう)します。

캉코꾸까라 기따 김영수또 모-시마스

B: 少々(しょうしょう)お待(ま)ちください。お電話代(でんわか)わります。

쇼-쇼- 오마찌 구다사이. 오뎅와 가와리마스

A: 여보세요, 요시다 씨를 부탁합니다.

B: 실례지만, 누구시죠?

A: 한국에서 김영수라고 합니다.

B: 잠깐만 기다려 주십시오.
전화 바꿔드리겠습니다.

Check Point!

전화를 걸 때는 반드시 もしもし, ○○ですが, ○○さんをお願いします(여보세요, ○○입니다만, ○○씨 부탁드립니다)라고 먼저 자신의 신분이나 소속단체를 밝히고 전화 통화할 상대를 부탁합니다. 상대가 직접 받을 때는 もしもし, そちらは ○○さんでしょうか(여보세요, ○○이시죠?)라고 확인하면 됩니다.

Unit 02 전화를 받을 때

Basic Expression

네, 전데요.

はい、わたしですが。

하이, 와따시데스가

누구시죠?

どちらさまでしょうか。

도찌라사마데쇼-까

さま는 명사에 붙어 존경이나 공손을 나타낸다

잠시 기다려 주십시오.

少々(しょうしょう)お待(ま)ちください。

쇼-쇼- 오마찌 구다사이

少々 잠시, 잠깐

곧 요시무라 씨를 바꿔드릴게요.

ただいま吉村(よしむら)さんと代(か)わります。

다다이마 요시무라산또 가와리마스

ただいま 방금, 곧

여보세요, 전화 바꿨습니다.

もしもし、お電話(でんわ)代(か)わりました。

모시모시, 오뎅와 가와리마시다

지금 다른 전화를 받고 있는데요.

いま、ほかの電話(でんわ)に出(で)ていますが。

이마, 호까노 뎅와니 데떼 이마스가

Mini Talk

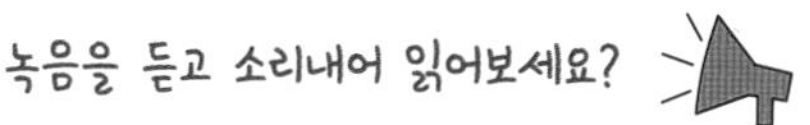
녹음을 듣고 소리내어 읽어보세요?

A: もしもし、営業部(えいぎょうぶ)の吉田(よしだ)さんとお話(はな)ししたいんですが。

모시모시, 에-교-부노 요시다산또 오하나시 시따인데스가

B: 今(いま)、ほかの電話(でんわ)に出(で)ております。

이마, 호까노 뎅와니 데떼 오리마스

A: あ、そうですか。後(あと)でかけ直(なお)します。

아, 소-데스까. 아또데 가께나오시마스

B: どなた様(さま)からお電話(でんわ)があったとお伝(つた)えしましょうか。

도나따사마까라 오뎅와가 앗따또 오쓰따에 시마쇼-까

A: 여보세요, 영업부의 요시다 씨와 통화를 하고 싶은데요.

B: 지금 다른 전화를 받고 있습니다.

A: 아, 그렇습니까? 나중에 다시 걸겠습니다.

B: 누구한테 전화 왔었다고 전해드릴까요?

Check Point!

전화를 받을 때는 どちらさまでしょうか(누구시죠?)라고 상대를 확인하거나, もしもし, ○○でございますが(여보세요, ○○입니다만)라고 자신의 이름이나 회사의 이름 등을 밝혀 상대가 확인하는 수고를 덜어주는 것도 전화 에티켓의 하나입니다. 전화 상대를 바꿔줄 때는 ちょっとお待ちください(잠깐 기다려 주십시오)라고 합니다.

찾는 사람이 부재중일 때

Basic Expression

언제 돌아오세요?

もど
いつお戻りになりますか。

이쯔 오모도리니 나리마스까

お~になる ~하시다 ; 존경 표현

무슨 연락할 방법은 없나요?

なん　れんらく　ほうほう
何とか連絡する方法はありませんか。

난또까 렌라꾸스루 호-호-와 아리마셍까

나중에 다시 걸게요.

いちど
あとでもう一度かけなおします。

아또데 모- 이찌도 가께나오시마스

~なおす 다시 ~하다

미안합니다. 아직 출근하지 않았습니다.

しゅっしゃ
すみません。まだ出社しておりません。

스미마셍. 마다 슛샤시떼 오리마셍

잠깐 자리를 비웠습니다.

せき　はず
ちょっと席を外しております。

춋또 세끼오 하즈시떼 오리마스

おります는 ありますの 겸양어

오늘은 쉽니다.

きょう　やす　と
今日は休みを取っております。

쿄-와 야스미오 돗떼 오리마스

녹음을 듣고 소리내어 읽어보세요? 

A: もしもし、営業部(えいぎょうぶ)の吉田(よしだ)さんはいらっしゃいますか。

모시모시, 에-교-부노 요시다상와 이랏샤이마스까

B: 吉田(よしだ)さんですか。ただ今(いま)ちょっと席(せき)を空(あ)けておりますが。

요시다산데스까. 다다이마 춋또 세끼오 아께떼 오리마스가

A: いつ頃(ころ)お戻(もど)りですか。

이쯔고로 오모도리데스까

B: そうですね。遠(とお)くには行(い)っておりませんので、すぐ戻(もど)ると思(おも)います。

소-데스네. 도-꾸니와 잇떼 오리마센노데, 스구 모도루또 오모이마스

A: 여보세요, 영업부의 요시다 씨는 계십니까?

B: 요시다 씨 말입니까? 지금 잠깐 자리를 비웠는데요.

A: 언제쯤 돌아오십니까?

B: 글쎄요. 멀리 가지는 않았으니 금방 돌아올 겁니다.

Check Point!

전화를 한 사람은 당신의 업무와 관련이 없는 사람일지 몰라도 그래도 상대에게는 중요한 사람일 수 있습니다. 원하는 통화 상대가 부재중일 때는 정중하게 메모를 남겨두거나 부재의 이유를 간단하게 말할 수 있도록 합니다. 전화를 다시 하겠다고 말할 때는 あとでもう一度かけなおします(나중에 다시 걸겠습니다)라고 하면 됩니다.

메시지를 부탁할 때

Basic Expression

그럼, 말씀 좀 전해 주시겠어요.

では、伝言(でんごん)をお願(ねが)いできますか。

데와, 뎅공오 오네가이데끼마스까

お願いできます는 お願いします의 가능 표현

전화를 주셨으면 하는데요.

お電話(でんわ)をいただきたいのですが。

오뎅와오 이따다끼따이노데스가

저한테 전화가 왔다고 전해 주십시오.

わたしから電話(でんわ)があったとお伝(つた)えください。

와따시까라 뎅와가 앗따또 오쓰따에 구다사이

돌아오면 전화하도록 말할까요?

帰(かえ)ったら電話(でんわ)するように言(い)いましょうか。

가엣따라 뎅와스루 요-니 이이마쇼-까

전하실 말씀이 있으시면 제가 전해드리죠.

伝言(でんごん)がありましたら、取(と)り次(つ)ぎ致(いた)します。

뎅공가 아리마시따라, 도리쓰기 이따시마스

말씀을 전해 드리겠습니다.

伝言(でんごん)をお伝(つた)えしておきます。

뎅공오 오쓰따에 시떼 오끼마스

お伝えして는 伝えて의 겸양 표현

학습일 ／ □

Mini Talk

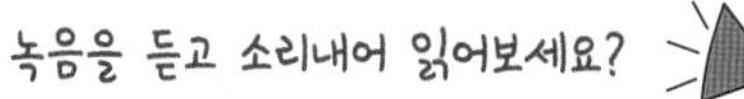
녹음을 듣고 소리내어 읽어보세요?

A: **吉田(よしだ)さんをお願(ねが)いします。**

요시다상오 오네가이시마스

B: **すみませんが、吉田(よしだ)はただ今外出中(いまがいしゅつちゅう)です。伝言(でんごん)を残(のこ)しますか。**

스미마셍가, 요시다와 다다이마 가이슈쯔쮸-데스. 뎅공오 노꼬시마스까

A: **わたしから電話(でんわ)があったとお伝(つた)えください。**

와따시까라 뎅와가 앗따또 오쓰따에 구다사이

B: **はい、わかりました。**

하이, 와까리마시다

A: 요시다 씨를 부탁합니다.

B: 죄송합니다만 요시다는 지금 외출중입니다.
전하실 말씀은 있으십니까?

A: 저한테 전화 왔었다고 전해 주십시오.

B: 네, 알겠습니다.

Check Point!

전화를 걸거나 받을 때 원하는 상대가 있으면 다행이지만, 직접 전화 통화를 원하는 상대가 없을 때는 전화를 받은 사람은 伝言を残しますか(전하실 말씀이 있으신지요?)라고 전화를 건 사람에게 물어보면 됩니다. 반대로 전화를 건 사람은 伝言をお願いできますか(말씀 좀 전해주시겠어요?)라고 전화를 받은 사람에게 메세지를 부탁하면 됩니다.

Unit 05 약속을 청할 때

Basic Expression

그럼, 방문해도 될까요?

では、お邪魔(じゃま)してもいいでしょうか。

데와, 오쟈마시떼모 이-데쇼-까

お邪魔する 방해하다; 폐를 끼치다

언제 찾아뵈면 될까요?

いつかうかがってもいいですか。

이쯔까 우까갓떼모 이-데스까

うかがう 여쭙다, 찾아뵙다

잠깐 말씀드리고 싶은데요.

ちょっとお話(はな)ししたいのですが。

촛또 오하나시 시따이노데스가

몇 시까지 시간이 비어 있죠?

何時(なんじ)まで時間(じかん)が空(あ)いてますか。

난지마데 지깡가 아이떼마스까

언제가 가장 시간이 좋을까요?

いつがいちばん都合(つごう)がいいですか。

이쯔가 이찌방 쓰고-가 이-데스까

都合がいい 형편이 좋다

약속 장소는 그쪽에서 정하세요.

約束(やくそく)の場所(ばしょ)はそちらで決(き)めてください。

약소꾸노 바쇼와 소찌라데 기메떼 구다사이

녹음을 듣고 소리내어 읽어보세요?

A: どこで会(あ)いましょうか。

도꼬데 아이마쇼-까

B: 明日(あした)、正午(しょうご)に国際会館(こくさいかいかん)のロビーはいかがですか。

아시따, 쇼-고니 고꾸사이 카이깐노 로비-와 이까가데스까

A: そこはあまりに遠(とお)いですね。中間(ちゅうかん)の適当(てきとう)な所(ところ)で会(あ)いましょう。

소꼬와 아마리니 도-이데스네. 츄-깐노 데끼또-나 도꼬로데 아이마쇼-

B: では、銀座(ぎんざ)ホテルはいかがですか。

데와, 긴자호테루와 이까가데스까

A: 어디서 만날까요?

B: 내일 정오에 국제회관 로비는 어떠세요?

A: 그곳은 너무 멀어요.
중간에 적당한 곳에서 만납시다.

B: 그럼, 긴자호텔은 어떻습니까?

Check Point!

상대와의 약속은 매우 중요합니다. 곧 그것은 그 사람의 신용과 직결되기 때문입니다. 약속을 제의할 때는 상대의 사정을 묻는 것부터 시작합니다. 우리말의 '약속을 지키다'는 約束をまもる라고 하며, '약속을 어기다(깨다)'라고 할 때는 約束をやぶる라고 합니다. 경우에 따라서 약속을 취소할 때는 本当にすみませんが, お約束が果たせません이라고 하면 됩니다.

Unit 06 약속 제의에 응답할 때

Basic Expression

좋아요. 그 때 만나요.

いいですよ。そのときに会(あ)いましょう。

이-데스요. 소노 도끼니 아이마쇼-

저도 그게 좋겠어요.

わたしもそれで都合(つごう)がいいです。

와따시모 소레데 쓰고-가 이-데스

그럼, 그 시간에 기다릴게요.

では、その時間(じかん)にお待(ま)ちします。

데와, 소노 지깐니 오마찌시마스

お待ちします는 待ちます의 겸양 표현

아쉽지만, 오늘은 안 되겠어요.

残念(ざんねん)ながら、今日(きょう)はだめなんです。

잔넨나가라, 쿄-와 다메난데스

だめ 소용없음, 안됨

그 날은 아쉽게도 약속이 있어요.

その日(ひ)は、あいにくと約束(やくそく)があります。

소노 히와, 아이니꾸또 약소꾸가 아리마스

급한 일이 생겨서 갈 수 없네요.

急用(きゅうよう)ができて行(い)けません。

큐-요-가 데끼떼 이께마셍

Mini Talk

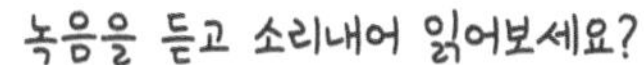
녹음을 듣고 소리내어 읽어보세요?

A: わたしと昼食(ちゅうしょく)をいっしょにいかがですか。

와따시또 츄-쇼꾸오 잇쇼니 이까가데스까

B: 今日(きょう)はまずいですけど、明日(あした)はどうですか。

쿄-와 마즈이데스께도, 아시따와 도-데스까

A: いいですよ。いつがよろしいですか。

이-데스요. 이쯔가 요로시-데스까

B: 6時頃(ろくじごろ)なら、仕事(しごと)が終(お)わりますが。

로꾸지고로나라, 시고또가 오와리마스가

A: 저랑 점심 같이 하실래요?

B: 오늘은 곤란한데, 내일은 어때요?

A: 좋습니다. 언제가 괜찮으세요?

B: 6시쯤이면 일이 끝나는데요.

Check Point!

約束しますよ는 상대와의 약속을 다짐할 때 쓰이는 표현입니다. 본래의 발음은 やくそく(야꾸소꾸)이지만, 주로 く가 촉음처럼 되어 '약소꾸'로 발음합니다. 상대방의 약속 제의에 기꺼이 응할 때는 いいですよ라고 하며, 사정이 좋지 않을 때는 상대의 기분이 나쁘지 않도록 조심스럽게 別の日にしてもらえませんか라고 부탁하는 것도 요령입니다.

Unit 07

초대할 때

Basic Expression

우리 집에 식사하러 안 올래요?

しょくじ　き
うちに食事に来ませんか。
우찌니 쇼꾸지니 기마셍까

~にくる ~하러 오다

오늘밤 나와 식사는 어때요?

こんばん　しょくじ
今晩、わたしと食事はどうですか。
곰방, 와따시또 쇼꾸지와 도-데스까

언제 한번 식사라도 하시지요.

しょくじ　いた
そのうち食事でも致しましょうね。
소노 우찌 쇼꾸지데모 이따시마쇼-네

いたす는 する(하다)의 겸양어

언제 한번 놀러 오세요.

あそ　き
いつか遊びに来てください。
이쯔까 아소비니 기떼 구다사이

가족 모두 함께 오십시오.

かぞく　こ
ご家族そろってお越しください。
고카조꾸 소롯떼 오꼬시 구다사이

お越しください는 越してください의 겸양 표현

아무런 부담 갖지 말고 오십시오.

きがる
どうぞお気軽にいらしてください。
도-조 오키가루니 이라시떼 구다사이

Mini Talk

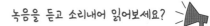

녹음을 듣고 소리내어 읽어보세요?

A: 夕方(ゆうがた)にわたしの家(いえ)に遊(あそ)びに来(き)てください。

유-가따니 와따시노 이에니 아소비니 기떼 구다사이

B: 本当(ほんとう)ですか。ところで何(なに)かあるのですか。

혼도-데스까. 도꼬로데 나니까 아루노데스까

A: ただ集(あつ)まるのです。気(き)にしないでお越(こ)しください。

다다 아쯔마루노데스. 기니 시나이데 오꼬시 구다사이

B: はい、行(い)きます。

하이, 이끼마스

A: 저녁에 우리 집에 놀러 오세요.

B: 정말요? 그런데 무슨 일 있어요?

A: 그냥 모이는 겁니다. 신경 쓰지 말고 오세요.

B: 네, 갈게요.

Check Point!

아무리 친한 친구라 하더라도 집으로 초대하지 않는다는 일본인도 많습니다. 이것은 집이 좁기 때문이기도 하지만 대개 자기 집안을 남에게 보이는 것을 꺼리기 때문입니다. 그러므로 일본인 집에 초대받는 것은 관계가 상당히 깊어졌다고 볼 수 있습니다. 자신의 집으로 초대할 때는 いつか遊びに来てください(언제 한번 놀러 오세요)라고 말해보세요.

Unit 08

초대에 응답할 때

Basic Expression

기꺼이 갈게요.

よろこ
喜んでうかがいます。
요로꼰데 우까가이마스

喜(よろこ)ぶ 기뻐하다

꼭 갈게요.

い
きっと行きます。
깃또 이끼마스

초대해 줘서 고마워요.

まね
招いてくれてありがとう。
마네이떼 구레떼 아리가또-

~てくれてありがとう ~해 줘서 고맙다

아쉽지만 갈 수 없어요.

ざんねん　　　い
残念ながら行けません。
잔넨나가라 이께마셍

行ける 갈 수 있다

그 날은 갈 수 없을 것 같은데요.

ひ　い
その日は行けないようですが。
소노 히와 이께나이 요-데스가

그 날은 선약이 있어서요.

ひ　せんやく
その日は先約がありますので。
소노 히와 셍야꾸가 아리마스노데

Mini Talk

녹음을 듣고 소리내어 읽어보세요?

A: **今週(こんしゅう)の土曜日(どようび)は空(あ)いている?**

곤슈-노 도요-비와 아이떼 이루

B: **うん、何(なに)か祝(いわ)い事(ごと)でもある?**

웅, 나니까 이와이고또데모 아루?

A: **うん、誕生(たんじょう)パーティーに来(き)てね。**

웅, 탄죠- 파-티-니 기떼네

B: **もちろん。招(まね)いてくれてありがとう。**

모찌롱. 마네이떼 구레떼 아리가또-

A: 이번 주 토요일은 시간 있니?

B: 응, 무슨 경사라도 있어?

A: 응, 생일파티에 와.

B: 물론이지. 초대해줘서 고마워.

Check Point!

초대를 제의받았을 때 기꺼이 승낙을 표현하고자 할 때는 よろこんで, もちろん, きっと 등의 부사어를 사용하고 뒤에 招いてくれてありがとう처럼 초대에 대한 고마움을 확실히 표현해보도록 합시다. 모처럼의 초대를 거절할 때는 상대방이 기분이 나쁘지 않도록 우선 사죄를 하고 응할 수 없는 사정을 적절하게 표현할 수 있어야 합니다.

Unit 09 방문할 때

Basic Expression

요시무라 씨 댁이 맞습니까?

吉村(よしむら)さんのお宅(たく)はこちらでしょうか。

요시무라산노 오따꾸와 고찌라데쇼-까

스즈키 씨는 댁에 계십니까?

鈴木(すずき)さんはご在宅(ざいたく)ですか。

스즈끼상와 고자이따꾸데스까

5시에 약속을 했는데요.

5時(ごじ)に約束(やくそく)してありますが。

고지니 약소꾸시떼 아리마스가

~てある ~해두다

좀 일찍 왔나요?

ちょっと来(く)るのが早(はや)すぎましたか。

촛또 구루노가 하야스기마시다까

늦어서 죄송해요.

遅(おそ)くなってすみません。

오소꾸낫떼 스미마셍

~てすみません ~해서 미안합니다

이거 변변치 않지만, 받으십시오.

これ、つまらないものですが、どうぞ。

고레, 쓰마라나이 모노데스가, 도-조

녹음을 듣고 소리내어 읽어보세요?

A: **お招(まね)きいただきありがとうございます。**

오마네끼 이따다끼 아리가또- 고자이마스

B: **こちらこそ、お越(こ)しくださりありがとうございます。**

고찌라꼬소, 오꼬시 쿠다사리 아리가또- 고자이마스

A: **つまらないものですが、受(う)け取(と)ってください。**

쓰마라나이 모노데스가, 우께톳떼 구다사이

B: **こんなことなさらなくてもいいのに。とにかくありがとうございます。**

곤나 고또 나사라나꾸떼모 이-노니. 토니카꾸 아리가또- 고자이마스

A: 초대해 주셔서 감사합니다.

B: 저야말로 와주셔서 감사합니다.

A: 별거 아니지만 받아주세요.

B: 이러지 않으셔도 되는데. 아무튼 감사합니다.

Check Point!

집을 방문할 때는 ごめんください(실례합니다)라고 집안에 있는 사람을 부른 다음 집에서 사람이 나올 때까지 대문이나 현관에서 기다립니다. 주인이 どちらさまですか라면서 나오면, こんにちは, 今日はお招きくださってありがとうございます, お世話になります 등의 인사말하고 상대의 안내에 따라 집안으로 들어서면 됩니다.

Unit 10

방문객을 맞이할 때

Basic Expression

잘 오셨습니다.

ようこそいらっしゃいました。

요-꼬소 이랏샤이마시다

ようこそ 상대의 방문을 환영할 때 쓰는 말

자 들어오십시오.

どうぞお入(はい)りください。

도-조 오하이리 구다사이

요구를 할 때 쓰이는 お~くださいは ~てくださいの 겸양 표현이다

이쪽으로 오십시오.

こちらへどうぞ。

고찌라에 도-조

상대의 방문을 환영할 때 쓰는 말

집안을 안내해드릴까요?

家(いえ)の中(なか)をご案内(あんない)しましょうか。

이에노 나까오 고안나이시마쇼-까

이쪽으로 앉으십시오.

こちらへお掛(か)けください。

고찌라에 오카께 구다사이

자 편히 하십시오.

どうぞくつろいでください。

도-조 구쓰로이데 구다사이

학습일 / □

Mini Talk

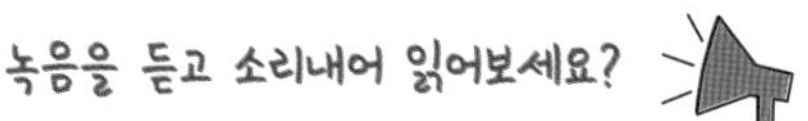
녹음을 듣고 소리내어 읽어보세요?

A: **どなたですか。**

도나따데스까

B: **野村(のむら)さんはいらっしゃいますか。金(キム)です。**

노무라상와 이랏샤이마스까. 김데스

A: **あ、いらっしゃいませ。お入(はい)りください。**

아, 이랏샤이마세. 오하이리 구다사이

B: **ありがとうございます。**

아리가또- 고자이마스

A: 누구세요?

B: 노무라 씨는 계십니까? 김입니다.

A: 아, 어서 오십시오. 들어오십시오.

B: 감사합니다.

Check Point!

どうぞ는 남에게 정중하게 부탁할 때나 바랄 때 하는 말로 우리말의 '부디, 아무쪼록'에 해당하며, 또한 남에게 권유할 때나 허락할 때도 쓰이는 아주 편리한 말입니다. 방문한 사람이 집안으로 들어오면 우선 마음을 편하게 하는 것이 무엇보다 중요합니다. 이럴 때 주인은 どうぞくつろいでください나 どうぞお楽に라고 하며 손님을 편하게 해줍니다.

방문객을 대접할 때

Basic Expression

잘 먹겠습니다.

いただきます。

이따다끼마스

식사하기 전에 하는 말

이 음식, 맛 좀 보세요.

この料理(りょうり)、味見(あじみ)してください。

고노 료-리, 아지미시떼 구다사이

벌써 많이 먹었어요.

もう十分(じゅうぶん)いただきました。

모- 쥬-붕 이따다끼마시다

잘 먹었습니다.

ごちそうさまでした。

고찌소-사마데시다

식사가 끝난 후에 하는 말

요리를 잘하시는군요.

お料理(りょうり)が上手(じょうず)ですね。

오료-리가 죠-즈데스네

정말로 맛있었어요.

本当(ほんとう)においしかったです。

혼또-니 오이시깟따데스

Mini Talk

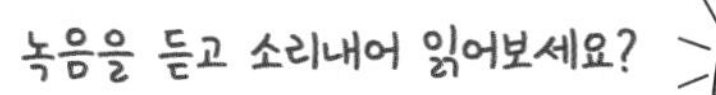
녹음을 듣고 소리내어 읽어보세요?

A: たいしたものではないですが、どうぞたくさん召し上がってください。
다이시따 모노데와 나이데스가, 도-조 닥상 메시아갓떼 구다사이

B: 準備が大変だったでしょう。
쥼비가 다이헨닷따데쇼-

A: いいえ、どうぞ召し上がってください。
이-에, 도-조 메시아갓떼 구다사이

B: それではいただきます。
소레데와 이따다끼마스

A: 변변치 않습니다만, 자 많이 드십시오.

B: 준비하느라 힘들었겠어요.

A: 아니오, 어서 드십시오.

B: 그럼 잘 먹겠습니다.

Check Point!

먼저 손님이 찾아오면 いらっしゃいませ, どうぞ라고 맞이한 다음 どうぞお入りください라고 하며 안으로 안내를 합니다. 안내한 곳까지 손님이 들어오면 何か飲み物はいかがですか로 마실 것을 권유한 다음 식사를 합니다. 음식을 먹기 전에는 いただきます, 음식을 먹고 나서는 ごちそうさま 등의 식사와 음식 표현에 관한 기본적인 것을 익혀둡시다.

Unit 12 방문을 마칠 때

Basic Expression

이제 그만 가볼게요.

そろそろおいとまします。

소로소로 오이또마시마스

おいとまする 헤어지다, 떠나다

오늘은 만나서 즐거웠어요.

今日(きょう)は会(あ)えて嬉(うれ)しかったです。

쿄-와 아에떼 우레시깟따데스

~てうれしい ~해서 즐겁다

저희 집에도 꼭 오세요.

わたしのほうにもぜひ来(き)てください。

와따시노 호-니모 제히 기떼 구다사이

정말로 즐거웠어요.

本当(ほんとう)に楽(たの)しかったです。

혼또-니 다노시깟따데스

저녁을 잘 먹었습니다.

夕食(ゆうしょく)をごちそうさまでした。

유-쇼꾸오 고찌소-사마데시다

ご飯(はん) 밥 / 食事(しょくじ) 식사

또 오세요.

また来(き)てくださいね。

마따 기떼 구다사이네

Mini Talk

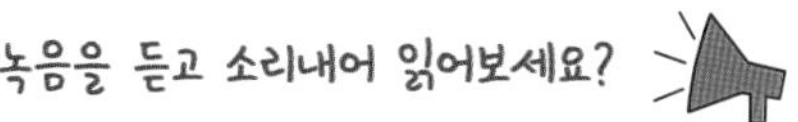
녹음을 듣고 소리내어 읽어보세요?

A: もう遅(おそ)くなりましたので、そろそろ失礼(しつれい)します。

모- 오소꾸나리마시따노데, 소로소로 시쯔레-시마스

B: おやおや。もう11時(じゅういちじ)を過(す)ぎましたね。

오야오야. 모- 쥬-이찌지오 스기마시따네

楽(たの)しんでいただけましたか。

다노신데 이따데께마시다까

A: もちろんです。今夜(こんや)はとても楽(たの)しかったです。

모찌론데스. 공야와 도떼모 다노시깟따데스

A: 너무 늦어져서, 이만 실례하겠습니다.

B: 오 이런. 벌써 11시를 지났네요.

즐거우셨나요?

A: 물론이죠. 오늘 밤은 너무 즐거웠어요.

Check Point!

おじゃまします(실례합니다)는 남의 집을 방문했을 경우에 하는 인사말로, 대접을 받고 나올 때는 おじゃましました(실례했습니다)라고 말합니다. 손님이 자리를 뜨려고 하면 일단 만류하는 것이 우리와 마찬가지로 일본에서도 예의입니다. 그렇다고 마냥 눈치 없이 앉아 있는 것도 폐가 되므로 초대에 대한 감사를 표시한 다음 자리에서 일어나도록 합시다.

Unit 13 난처할 때

Basic Expression

지금 무척 곤란해요.

いま、大変(たいへん)困(こま)ってるんです。

이마, 다이헹 고맛떼룬데스

어떻게 하면 좋을까요?

どうしたらいいでしょうか。

도-시따라 이-데쇼-까

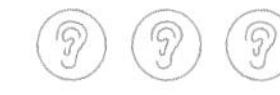

どうしたら 어떻게 하면

무슨 좋은 방법은 없을까요?

何(なに)かいい方法(ほうほう)はありませんか。

나니까 이- 호-호-와 아리마셍까

어떻게 좀 해 주세요.

何(なん)とかしてください。

난또까 시떼 구다사이

何とかする 어떻게든 하다

화장실은 어디에 있죠?

トイレはどこですか。

토이레와 도꼬데스까

그건 좀 곤란한데요.

それはちょっと困(こま)るんですが。

소레와 촛또 고마룬데스가

학습일 ／ □

Mini Talk

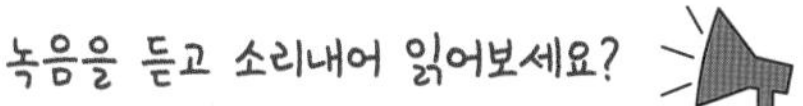
녹음을 듣고 소리내어 읽어보세요?

A: **あの、すみません。**

아노, 스미마셍

B: **はい、何(なに)か助(たす)けが必要(ひつよう)ですか。**

하이, 나니까 다스께가 히쯔요-데스까

A: **どうも。最寄(もよ)りの駅(えき)はどこでしょうか。**

도-모. 모요리노 에끼와 도꼬데쇼-까

B: **あの銀行(ぎんこう)の後(うし)ろにあります。**

아노 깅꼬-노 우시로니 아리마스

A: 저, 실례합니다.

B: 네, 무슨 도움이 필요하세요?

A: 고마워요. 가장 가까운 역은 어디죠?

B: 저 은행 뒤에 있습니다.

Check Point!

여행을 하다 보면 가끔 난처한 상황에 처할 때가 있습니다. 예를 들어 길을 잃었거나 해서 어떻게 해야 할지 모를 때는 どうしたらいいでしょうか라고 말해보세요. 그러면 친절하게 알려줄 것입니다. 길을 걷다 보면 급하게 화장실을 가야 할 일이 있기 마련입니다. 이럴 때는 トイレはどこですか라고 말하면 됩니다.

Unit 14

말이 통하지 않을 때

Basic Expression

일본어는 못해요.

日本語(にほんご)は話(はな)せません。

니홍고와 하나세마셍

話せる 말할 수 있다

일본어는 잘 못해요.

日本語(にほんご)はあまりできないんです。

니홍고와 아마리 데끼나인데스

제 일본어로는 부족해요.

わたしの日本語(にほんご)では不十分(ふじゅうぶん)です。

와따시노 니홍고데와 후쥬-분데스

천천히 말씀해 주시겠어요?

ゆっくりと言(い)っていただけますか。

육꾸리또 잇떼 이따다께마스까

~ていただけますか ~해 주시겠어요?

한국어를 하는 분은 안 계세요?

韓国語(かんこくご)を話(はな)す方(かた)はいませんか。

캉코꾸고오 하나스 가따와 이마셍까

이것은 일본어로 뭐라고 하죠?

これは日本語(にほんご)で何(なん)と言(い)いますか。

고레와 니홍고데 난또 이-마스까

학습일 ／ □

녹음을 듣고 소리내어 읽어보세요?

A: あの、すみません。韓国(かんこく)の方(かた)ですか。
아노, 스미마셍. 캉코꾸노 카따데스까

B: はい、韓国(かんこく)から来(き)ました。
하이. 캉코꾸까라 기마시다

A: 日本語(にほんご)はわかりますか。
니홍고와 와까리마스까

B: いいえ、まだ日本(にほん)へ来(き)たばかりで、よくわかりません。
이-에, 마다 니홍에 기따바까리데, 요꾸 와까리마셍

A: 저 실례합니다. 한국분이세요?

B: 네, 한국에서 왔습니다.

A: 일본어는 아십니까?

B: 아뇨, 아직 일본에 온 지 얼마 되지 않아서 잘 모릅니다.

Check Point!

여행을 떠나기 전에 기본적인 회화 정도는 익히고 출발하는 게 좋습니다. 단순히 여행을 간다면 그닥 일본어를 쓸 일이 없지만 이 정도는 알아두는 게 좋겠죠. 일본어를 할 줄 아느냐고 물었는데 모르면 日本語は話せません이라고 하면 됩니다. 반대로 일본인에게 한국어를 할 줄 아느냐고 물어볼 때는 韓国語(かんこくご)は話せますか라고 말해보세요.

Unit 15

위급한 상황일 때

Basic Expression

위험해요!

危(あぶ)ないです!

아부나이데스

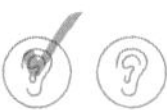

다가오지 말아요!

近(ちか)づかないでください!

치까즈까나이데 구다사이

위급해요!

緊急(きんきゅう)です!

깅뀨-데스

도와주세요!

助(たす)けてください!

다스께떼 구다사이

누구 좀 와 주세요!

誰(だれ)か来(き)てください!

다레까 기떼 구다사이

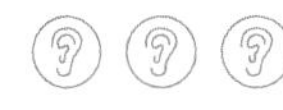

그만두세요!

止(や)めてください!

야메떼 구다사이

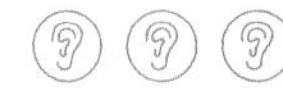

학습일 / □

Mini Talk

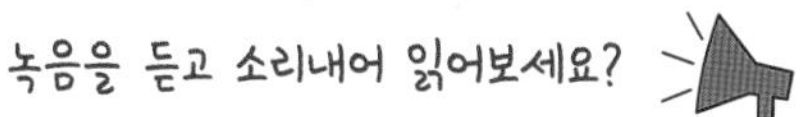
녹음을 듣고 소리내어 읽어보세요?

A: **助(たす)けてください!**
다스께떼 구다사이

B: **怪我(けが)をしましたか。**
케가오 시마시다까

A: **いいえ、事故(じこ)に遭(あ)いました。**
이-에, 지꼬니 아이마시다

B: **何(なに)があったのか正確(せいかく)に言(い)ってください。**
나니가 앗따노까 세-카꾸니 잇떼 구다사이

A: 도와주세요!

B: 다치셨나요?

A: 아뇨, 사고를 당했어요.

B: 무슨 일이 있었는지 정확히 말해주세요.

Check Point!

그 자리의 분위기나 상대에게 신경을 쓴 나머지 자신도 모르게 그만 웃으며 승낙을 하는 경우가 있으므로 결코 알았다는 행동을 취하지 말고 적극적으로 물어봅시다. 또한 순식간에 난처한 상황이나 위급한 상황이 발생했을 때는 입이 얼어 아무 말도 나오지 않는 법입니다. 만약을 대비해서 상대를 제지할 수 있는 최소한의 표현은 반드시 기억해둡시다.

Unit 16 물건을 분실했을 때

Basic Expression

여권을 잃어버렸어요.

パスポートをなくしました。

파스포-토오 나꾸시마시다

전철에 가방을 놓고 내렸어요.

でんしゃ　わす

電車にバッグを忘れました。

덴샤니 박구오 와스레마시다

かばん 가방

유실물 센터는 어디에 있죠?

ふんしつぶつがかり

紛失物係はどこですか。

훈시쯔부쯔 가까리와 도꼬데스까

누구에게 알리면 되죠?

だれ　し

誰に知らせたらいいですか。

다레니 시라세따라 이-데스까

知らせる 알리다

무엇이 들어있었죠?

なに　はい

何が入っていましたか。

나니가 하잇떼 이마시다까

찾으면 연락드릴게요.

み　れんらく

見つかったら連絡します。

미쯔깟따라 렌라꾸시마스

학습일 ／ □

녹음을 듣고 소리내어 읽어보세요? 

A: 紛失物係(ふんしつぶつがかり)はどこですか。

훈시쯔부쯔 가까리와 도꼬데스까

B: どうしたんですか。

도-시딴데스까

A: 電車(でんしゃ)にバッグを忘(わす)れました。

덴샤니 박구오 와스레마시다

B: 何線(なにせん)ですか。

나니센데스까

A: 유실물 센터는 어디에 있죠?

B: 어떻게 된 겁니까?

A: 전철에 가방을 놓고 내렸어요.

B: 무슨 선입니까?

Check Point!

여권이나 귀중품을 분실했다면 먼저 분실물센터나 호텔의 경비담당 아니면 경찰에 신고해보세요. 만약 신용카드를 분실했다면 카드사에 연락하여 사용을 정지시키고, 비행기탑승권을 분실했다면 여행사나 항공사에 연락하세요. 그리고 여권 분실에 대비하여 발행 연월일, 번호, 발행지 등은 수첩에 메모를 해두고 예비사진 2장도 준비해두는 것도 도움이 됩니다.

Unit 17

도난당했을 때

Basic Expression

강도예요!

ごうとう
強盗ですよ!

고-또-데스요

돈을 빼앗겼어요.

かね　うば
お金を奪われました。

오까네오 우바와레마시다

奪われる는 奪う(빼앗다)의 수동 표현

스마트폰을 도둑맞았어요.

ぬす
スマートフォンを盗まれました。

스마-토휭오 누스마레마시다

盗まれる는 盗む(훔치다)의 수동 표현

전철 안에서 지갑을 소매치기 당했어요.

でんしゃ　なか　さいふ
電車の中で財布をすられました。

덴샤노 나까데 사이후오 스라레마시다

すられる는 する(소매치기하다)의 수동 표현

방에 도둑이 든 것 같아요.

へや　どろぼう　はい
部屋に泥棒が入ったようなんです。

헤야니 도로보-가 하잇따요-난데스

도난신고서를 내고 싶은데요.

とうなんとどけ　だ
盗難届けを出したいんですが。

도-난토도께오 다시따인데스가

녹음을 듣고 소리내어 읽어보세요?

A: 盗難届(とうなんとど)けを出(だ)したいんですが。

도-난토도께오 다시따인데스가

B: はい。何(なに)を盗(ぬす)まれましたか。

하이. 나니오 누스마레마시다까

A: スーツケースを盗(ぬす)まれました。

스-츠케-스오 누스마레마시다

B: スーツケースはどんな形(かたち)をしていますか。

스-츠케-스오와 돈나 카따찌오 시떼 이마스까

A: 도난신고를 하고 싶은데요.

B: 네. 무엇을 도둑맞았습니까?

A: 여행 가방을 도둑맞았어요.

B: 여행가방이 어떻게 생겼나요?

Check Point!

일본은 치안이 잘 되어 있는 나라지만 만약을 대비해서 다음과 같은 표현도 잘 익혀 두면 위급할 때 유용하게 쓸 수 있습니다. 만약 물건을 도난당했다면 우선 도난 품목을 빠짐없이 작성하고 현지 경찰에 도난신고를 하거나 대사관 영사부에 도움을 요청해보세요. 그리고 보험에 가입되어 있다면 해당 보험사에도 연락하여 피해사건을 신고하도록 하세요.

교통사고가 났을 때

Basic Expression

교통사고예요!

こうつうじこ
交通事故ですよ!

고-쓰-지꼬데스요

구급차를 불러 주세요.

きゅうきゅうしゃ よ
救急車を呼んでください。

큐-뀨-샤오 욘데 구다사이

도와줘요! 사고예요!

たす じこ
助けて! 事故ですよ!

다스케떼! 지꼬데스요

경찰을 불러 주세요.

けいさつ よ
警察を呼んでください。

케-사쯔오 욘데 구다사이

저에게는 과실이 없어요.

ほう かしつ
わたしの方には過失はありません。

와따시노 호-니와 가시쯔와 아리마셍

이 사고는 제 탓입니다.

じこ わたし
この事故は私のせいです。

고노 지꼬와 와따시노 세-데스

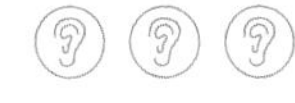

학습일 ／ □

Mini Talk

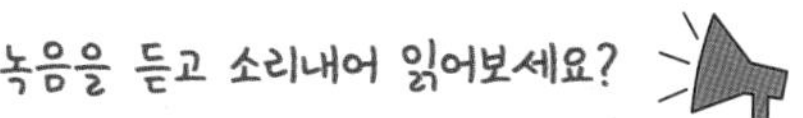
녹음을 듣고 소리내어 읽어보세요?

A: **助(たす)けて! 事故(じこ)ですよ!**

다스께떼! 지꼬데스요

B: **大丈夫(だいじょうぶ)ですか。お怪我(けが)はありませんか。**

다이죠-부데스까. 오케가와 아리마셍까

A: **わたしは大丈夫(だいじょうぶ)です。しかし、車(くるま)が潰(つぶ)れました。**

와따시와 다이죠-부데스. 시까시 구루마가 쓰부레마시다

B: **大丈夫(だいじょうぶ)そうで本当(ほんとう)によかったです。**

다이죠-부소-데 혼또-니 요깟따데스

A: 도와주세요! 사고예요!

B: 괜찮으신가요? 다친 곳은 없나요?

A: 저는 괜찮습니다. 하지만 차가 찌그러졌어요.

B: 괜찮다니 정말 다행이에요.

Check Point!

사고는 일어나기 전에 미리 대비하고 예방하는 것이 가장 중요합니다. 만약 교통사고가 일어나면 먼저 경찰에게 알리고 보험회사, 렌터카 회사에 연락을 취합니다. 사고 당사자가 먼저 사죄를 하면 잘못을 인정하는 꼴이 되므로 당황하지 말고 신중하게 대처해야 합니다. 그리고 사고에 대한 보험을 청구하기 위해서는 사고증명서를 반드시 받아두어야 합니다.

Unit 19

병원에서

Basic Expression

무슨 과의 진료를 원하세요?

何科(なにか)の受診(じゅしん)をご希望(きぼう)ですか。

나니까노 쥬싱오 고키보-데스까

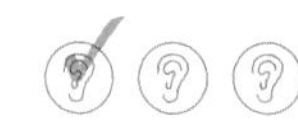

보험증은 가지고 계세요?

保険証(ほけんしょう)はお持(も)ちでしょうか。

호겐쇼-와 오모찌데쇼-까

이 병원에서의 진료는 처음이세요?

この病院(びょういん)での受診(じゅしん)ははじめてですか。

고노 뵤-인데노 쥬싱와 하지메떼데스까

다음에는 언제 오면 되죠?

今度(こんど)はいつ来(き)たらいいでしょうか。

곤도와 이쯔 기따라 이-데쇼-까

몇 번 통원해야 하죠?

何回通院(なんかいつういん)しないといけませんか。

낭까이 쓰-인 시나이또 이께마셍까

しないといけません 하지 않으면 안 됩니다; 해야 합니다

오늘 진찰비는 얼마에요?

今日(きょう)の診察代(しんさつだい)はおいくらですか。

쿄-노 신사쯔다이와 오이꾸라데스까

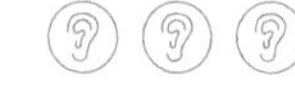

Mini Talk

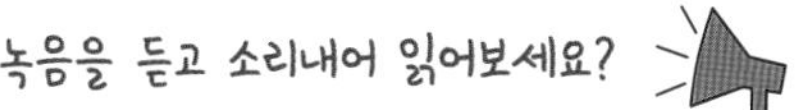
녹음을 듣고 소리내어 읽어보세요?

A: 電話(でんわ)で予約(よやく)をした金(キム)です。

뎅와데 요야꾸오 시따 김데스

B: 以前(いぜん)、来診(らいしん)されたことがありますか。

이젠, 라이신사레따 고또가 아리마스까

A: いいえ、初(はじ)めてです。

이-에, 하지메떼데스

B: この診断(しんだん)カードを記入(きにゅう)してください。

고노 신단카-도오 기뉴-시떼 구다사이

A: 전화로 예약을 한 김입니다.

B: 전에 내진을 하신 적이 있습니까?

A: 아뇨, 처음이에요.

B: 이 진료카드를 기입해 주세요.

Check Point!

의사에게 진찰을 받고 싶을 때는 먼저 호텔 프런트에 증상을 설명하고 해당 의료기관을 소개받습니다. 또한 관광안내소에서도 가까운 의료기관을 소개받을 수 있으며, 만약 해외여행보험에 가입했을 경우에도 보험사에 연락하여 의료기관을 소개받을 수 있습니다. 병원에서 들어가면 먼저 접수를 하고 문진표를 작성한 다음 의사의 진찰과 처방을 받고 수납하면 됩니다.

Unit 20

증세를 물을 때

Basic Expression

오늘은 어땠어요?

今日(きょう)はどうなさいましたか。

쿄-와 도- 나사이마시다까

어디 아프세요?

どこか痛(いた)みますか。

도꼬까 이따미마스까

여기를 누르면 아파요?

ここを押(お)すと痛(いた)いですか。

고꼬오 오스또 이따이데스까

어느 정도 간격으로 머리가 아프세요?

どれくらいおきに頭痛(ずつう)がしますか。

도레쿠라이 오끼니 즈쓰-가 시마스까

頭痛 발음에 주의

이런 증상은 이전에도 있었어요?

このような症状(しょうじょう)は、以前(いぜん)にもありましたか。

고노요-나 쇼-죠-와, 이젠니모 아리마시다까

알레르기 체질인가요?

アレルギー体質(たいしつ)ですか。

아레루기- 타이시쯔데스까

Mini Talk

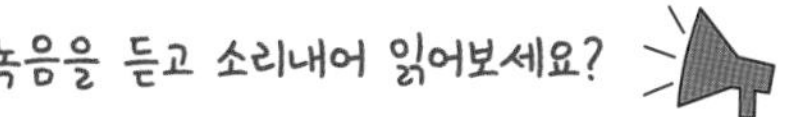
녹음을 듣고 소리내어 읽어보세요?

A: このような症状(しょうじょう)は、以前(いぜん)にもありましたか。

고노요-나 쇼-죠-와, 이젠니모 아리마시다까

B: いいえ、初(はじ)めてです。症状(しょうじょう)が重(おも)いですか。

이-에, 하지메떼데스. 쇼-죠-가 오모이데스까

A: 心配(しんぱい)するほどではありません。

심빠이스루 호도데와 아리마셍

B: それなら、薬物治療(やくぶつちりょう)だけで治(なお)りますか。

소레나라, 야꾸부쯔 치료-다께데 나오리마스까

A: 이런 증상이 이전에도 있었습니까?

B: 아니요, 처음이에요. 증상이 심한가요?

A: 걱정할 정도는 아닙니다.

B: 그렇다면 약물치료만으로 낫나요?

Check Point!

현지에서 몸이 아플 때 말이 통하지 않으면 매우 당혹스럽습니다. 이럴 때는 현지 가이드의 통역을 받는 것이 가장 손쉬운 일이지만, 혼자일 경우에는 아픈 증상을 정확하게 전달할 수 있는 의사소통의 능력을 갖추어야 합니다. 우리와 마찬가지로 대부분의 병원은서 접수를 하고 대기하면 순서대로 호출을 합니다. 의사가 증상을 물으면 정확하게 증상을 말하도록 합시다.

Unit 21

증상을 설명할 때

Basic Expression

열이 있고 기침이 어요.

ねつ　　　　　　　で

熱があり、せきが出ます。

네쯔가 아리, 세끼가 데마스

조금 열이 있는 것 같아요.

すこ　ねつ

少し熱があるようです。

스꼬시 네쯔가 아루요-데스

미열이 있는 것 같아요.

び　ねつ

微熱があるようです。

비네쯔가 아루요-데스

유행성 독감에 걸린 것 같아요.

りゅうかん

流感にかかったみたいです。

류-깐니 가캇따미따이데스

みたいです는 ようです의 회화체

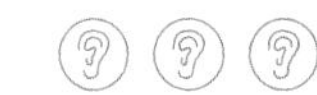

토할 것 같아요.

は

吐きそうです。

하끼소-데스

そうです가 동사의 ます형에 접속할 때는 양태를 나타낸다

충치가 몇 개 있는 것 같아요.

むし ば　　なんぼん　　　　おも

虫歯が何本かあると思います。

무시바가 남봉까 아루또 오모이마스

학습일 / □

Mini Talk

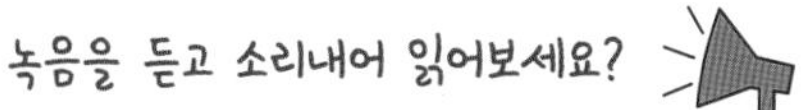
녹음을 듣고 소리내어 읽어보세요?

A: **どうなさいましたか。**

도- 나사이마시다까

B: **熱(ねつ)があって、体(からだ)がだるく、咳(せき)が止(と)まりません。それから食欲(しょくよく)もありません。**

네쯔가 앗떼, 가라다가 다루꾸, 세끼가 도마리마셍. 소레까라 쇼꾸요꾸모 아리마셍

A: **いつからですか。**

이쯔까라데스까

B: **二日前(ふつかまえ)からです。**

후쯔까 마에까라데스

A: 어디가 아프세요?

B: 열이 있고 몸이 나른하고 기침이 멈추지 않습니다.
그리고 식욕도 없습니다.

A: 언제부터입니까?

B: 이틀 전부터요.

Check Point!

의사에게 진료를 받을 때는 아픈 증상을 자세하게 말해야 정확한 진단이 나옵니다. 말이 잘 통하지 않을 때는 한국어를 잘 아는 의사를 부탁하거나 통역을 불러 진료를 받도록 하세요. 아픈 증상을 일본어로 말할 때는 확실히 밝혀진 것이 아니기 때문에 불확실한 단정을 나타내는 ~ようです(~인 것 같습니다)나 회화체인 ~みたいです로 표현하는 경우가 많습니다.

아픈 곳을 말할 때

Basic Expression

배가 아파요.

はら　いた
腹が痛みます。

하라가 이따미마스

허리가 아파서 움직일 수 없어요.

こし　いた　うご
腰が痛くて動けません。

고시가 이따꾸떼 우고께마셍

動ける 움직일 수 있다

귀가 울려요.

みみ な
耳鳴りがします。

미미나리가 시마스

무좀이 심해요.

みずむし
水虫がひどいのです。

미즈무시가 히도이노데스

ひどい (정도나 상태가 몹시) 심하다

아파서 눈을 뜰 수 없어요.

いた　め　あ
痛くて目を開けていられません。

이따꾸떼 메오 아께떼 이라레마셍

~ていられません ~하고 있을 수 없습니다

이가 하나 흔들거려요.

は　いっぽん
歯が一本ぐらぐらしています。

하가 입뽕 구라구라시떼 이마스

학습일　／　□

Mini Talk

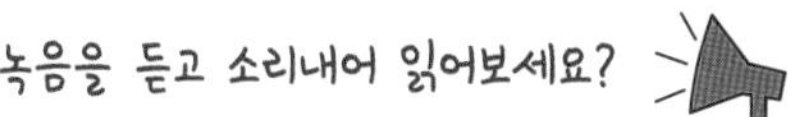
녹음을 듣고 소리내어 읽어보세요?

A: お腹(なか)が痛(いた)いんです。

오나까가 이따인데스

B: どんなふうに痛(いた)みますか。

돈나 후-니 이따미마스까

A: お腹(なか)の右脇(みぎわき)のほうがシクシク痛(いた)み、気分(きぶん)が悪(わる)いんです。

오나까노 미기와끼노 호-가 시꾸시꾸 이따미, 기붕가 와루인데스

B: ここにちょっと横(よこ)になってください。

고꼬니 촛또 요꼬니 낫떼 구다사이

A: 배가 아픕니다.

B: 어떻게 아프세요?

A: 배의 오른쪽 겨드랑이 쪽이 욱신욱신 아프고,
속이 안 좋습니다.

B: 여기 좀 누우세요.

Check Point!

여행을 하다 보면 뜻하지 않게 사고로 다치거나 몸이 아파서 병원을 찾아야 하는 경우가 있습니다. 의사가 물으면 아픈 곳을 손으로 가리키며 정확히 말하도록 합시다. 일본어에서 우리말 ‘아프다’에 해당하는 단어는 痛い와 痛む가 있습니다. 痛い는 형용사이며 痛む는 동사입니다. 형용사와 동사는 서술어이기 때문에 활용 방법만 다르지 의미에는 차이가 없습니다.

Unit

23 검진을 받을 때

Basic Expression

목을 보여 주세요.

喉(のど)を見(み)せてください。

노도오 미세떼 구다사이

혈압을 잴게요.

血圧(けつあつ)をはかります。

게쯔아쯔오 하까리마스

여기 엎드려 누우세요.

ここにうつぶせに寝(ね)てください。

고꼬니 우쯔부세니 네떼 구다사이

うつぶせ 엎드려 누움

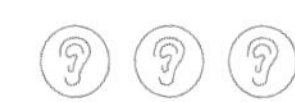

숨을 들이쉬고 멈추세요.

息(いき)を吸(す)って止(と)めてください。

이끼오 슷떼 도메떼 구다사이

저는 어디가 안 좋아요?

わたしはどこが悪(わる)いのでしょうか。

와따시와 도꼬가 와루이노데쇼-까

결과는 1주일 후에 나옵니다.

結果(けっか)は一週間(いっしゅうかん)後(ご)に出(で)ます。

겍까와 잇슈-깡고니 데마스

학습일 ╱ □

Mini Talk

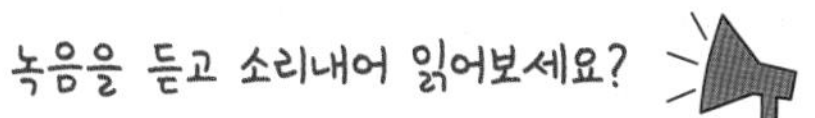
녹음을 듣고 소리내어 읽어보세요?

A: この検査(けんさ)は痛(いた)いですか。

고노 켄사와 이따이데스까

B: いいえ、痛(いた)みは一切(いっさい)ありません。

이-에, 이따미와 잇사이 아리마셍

A: 検査(けんさ)の結果(けっか)はいつ出(で)ますか。

켄사노 겍까와 이쯔 데마스까

B: 一週間後(いっしゅうかんご)に出(で)ます。まず血圧(けつあつ)を計(はか)ります。

잇슈-깡고니 데마스. 마즈 케쯔아쯔오 하까리마스

A: 이 검사는 아픈가요?

B: 아뇨, 통증은 전혀 없습니다.

A: 검사 결과는 언제 나옵니까?

B: 1주일 후에 나와요. 먼저 혈압을 재겠습니다.

Check Point!

병원에서는 정확한 진단을 위해 몇 가지 검사나 검진을 하는 경우가 있습니다. 만약을 대비해서 병원 검진에 필요한 표현을 익혀두가 바랍니다. 건강검진의 경우 인기있는 종합병원의 경우 1년 후의 예약까지 다 차있다고 합니다. 하지만 일본에서 거주하거나 유학생활을 하는 경우 이외는 여행을 하면서 건강검진을 받을 일은 없습니다.

입퇴원 또는 병문안할 때

Basic Expression

어느 병원에 입원했죠?

どこの病院(びょういん)に入院(にゅういん)しましたか。

도꼬노 뵤-인니 뉴-인시마시다까

요시무라 씨 병실은 어디죠?

吉村(よしむら)さんの病室(びょうしつ)はどこですか。

요시무라산노 뵤-시쯔와 도꼬데스까

빨리 회복하세요.

早(はや)く、よくなってくださいね。

하야꾸, 요꾸낫떼 구다사이네

형용사 ~くなる ~해지다

생각보다 훨씬 건강해 보이네요.

思(おも)ったよりずっと元気(げんき)そうですね。

오못따요리 즛또 겡끼소-데스네

思ったより 생각했던 것보다; 생각보다

반드시 곧 건강해질 거예요.

きっとすぐ元気(げんき)になりますよ。

깃또 스구 겡끼니 나리마스요

な형용사 ~になる ~해지다

아무쪼록 몸조리 잘하세요.

くれぐれもお大事(だいじ)に。

구레구레모 오다이지니

大事に 소중하게

Mini Talk

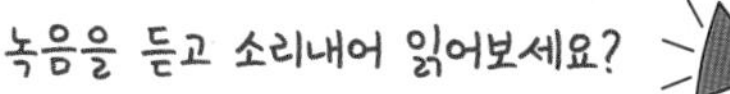
녹음을 듣고 소리내어 읽어보세요?

A: 木村(きむら)さん、どうしたんですか。

기무라상, 도-시딴데스까

B: ええ、交通事故(こうつうじこ)で軽(かる)い怪我(けが)をしまして…。

에-, 고-쓰-지꼬데 가루이 케가오 시마시떼

A: ご気分(きぶん)はいかがですか。

고키붕와 이까가데스까

B: だいぶ良(よ)くなりました。ありがとうございます。

다이부 요꾸 나리마시다. 아리가또- 고자이마스

A: 기무라 씨, 어떻게 된 거예요?

B: 네, 교통사고로 가벼운 부상을 입어서요….

A: 기분은 어떠세요?

B: 많이 좋아졌어요. 기무라 씨, 감사합니다.

Check Point!

병문안을 할 때 가지고 가는 선물로 꽃도 좋지만 꽃보다는 음료수나 먹을 것 등을 가지고 가는 게 좋습니다. 그리고 병원에서는 조용히 말을 해야 합니다. 만약 병실이 1인실이 아니라면 옆에 계시는 분들에게도 피해가 되기 때문입니다. 환자와의 긴 시간 동안 함께 있는 것은 예의가 아니므로 상대의 쾌차를 빌고 일찍 나오는 것도 좋습니다.

Unit 25 약국에서

Basic Expression

이 약으로 통증이 가라앉을까요?

くすり　いた
この薬で痛みがとれますか。

고노 구스리데 이따미가 도레마스까

薬を飲(の)む 약을 먹다

피로에는 무엇이 잘 들어요?

つか　め　なに　き
疲れ目には何が効きますか。

쓰까레메니와 나니가 기끼마스까

薬が効く 약이 듣다

바르는 약 좀 주세요.

ぬ　ぐすり
塗り薬がほしいのですが。

누리구스리가 호시-노데스가

ほしい 갖고 싶다

몇 번 정도 복용하죠?

なんかい　ふくよう
何回くらい服用するのですか。

낭까이 쿠라이 후꾸요-스루노데스까

한 번에 몇 알 먹으면 되죠?

いっかい　なんじょう　の
1回に何錠飲めばいいですか。

익까이니 난죠- 노메바 이-데스까

~ばいいですか 하면 됩니까?

진통제는 들어 있어요?

いた　ど　はい
痛み止めは入っていますか。

이따미도메와 하잇떼 이마스까

Mini Talk

녹음을 듣고 소리내어 읽어보세요?

くすり　いちにち　なんかい　の

A: この薬は1日に何回飲みますか。

고노 구스리와 이찌니찌니 낭까이 노미마스까

よじかん　の

B: 4時間ごとに飲んでください。

요지깡 고또니 논데 구다사이

ふくさよう

A: 副作用はありませんか。

후꾸사요-와 아리마셍까

し　かぎ

B: わたしの知る限りではありません。

와따시노 시루 카기리데와 아리마셍

A: 이 약은 하루에 몇 번 먹습니까?

B: 4시간마다 드세요.

A: 부작용은 없나요?

B: 제가 알기로는 없습니다.

Check Point!

일본도 우리처럼 의사의 진단이 없이는 약을 함부로 조제받거나 간단한 약을 사는데도 의사의 처방이 필요한 경우가 있으므로 병원에 가서 의사의 처방을 받아야 합니다. 또한 요즘 일본에서는 병원 진료를 받으려면 너무 많이 기다려야 하기 때문에 심각한 통증이나 질환이 아닌 대다수의 소비자는 드럭스토어에 가서 일반 의약품을 사 먹고 얼른 문제를 해결하려고 합니다.

PART 04 실력 체크!

★ 앞에서 배운 대화 내용입니다. 한글을 영어로 말해보세요. 잘 모르시겠다고요? 걱정마세요. 녹음이 있잖아요. 그리고 정답은 각 유닛에서 확인하세요.

01 A: もしもし、요시다 씨를 부탁합니다.
B: 失礼ですが、どちら様ですか。

02 A: もしもし、営業部の吉田さんとお話ししたいんですが。
B: 지금 다른 전화를 받고 있습니다.

03 A: もしもし、営業部の吉田さんはいらっしゃいますか。
B: 吉田さんですか。지금 잠깐 자리를 비웠는데요.

04 A: 吉田さんをお願いします。
B: すみませんが、吉田はただ今外出中です。메시지 남기시겠습니까?

05 A: 어디서 만날까요?
B: 明日、正午に国際会館のロビーはいかがですか。

06 A: 私と昼食をいっしょにいかがですか。
B: 오늘은 곤란한데, 내일은 어때요?

07 A: 저녁에 우리 집에 놀러 오세요.
B: 本当ですか。ところで何かあるのですか。

08 A: 今週の土曜日は空いている?
B: うん、무슨 경사라도 있어?

09 A: 초대해 주셔서 감사합니다.
B: こちらこそ、お越しくださりありがとうございます。

10 A: 아, 어서 오십시오. 들어오십시오.
B: ありがとうございます。

11 A: たいしたものではないですが、부디 많이 드십시오.
B: 準備が大変だったでしょう。

12 A: もう遅くなりましたので、이만 실례하겠습니다.
B: おやおや。もう11時を過ぎましたね。

13 A: あの、すみません。
B: はい、무슨 도움이 필요하세요?

14 A: 일본어는 아십니까?
B: いいえ、まだ日本へ来たばかりで、よくわかりません。

15 A: 도와주세요!
B: 怪我をしましたか。

16 A: 유실물 센터는 어디에 있죠?
B: どうしたんですか。

17 A: 도난신고를 하고 싶은데요.
B: はい。何を盗まれましたか。

18 A: 도와주세요! 사고예요!
B: 大丈夫ですか。お怪我はありませんか。

19 A: 電話で予約をした金です。
B: 以前、내진을 하신 적이 있습니까?

20 A: 이런 증상이 이전에도 있었습니까?
B: いいえ、初めてです。症状が重いですか。

21 A: 어디가 아프세요?
B: 熱があって、体がだるく、咳が止まりません。

22 A: 배가 아픕니다.
B: どんなふうに痛みますか。

23 A: 검사 결과는 언제 나옵니까?
B: 一週間後に出ます。まず血圧を計ります。

24 A: 木村さん、어떻게 된 거예요?
B: ええ、交通事故で軽い怪我をしまして…。

25 A: 이 약은 하루에 몇 번 먹습니까?
B: 4時間ごとに飲んでください。

회화를 위한 기본단어

숫자

- 一(いち) 일, 1
- 二(に) 이, 2
- 三(さん) 삼, 3
- 四(し/よん) 사, 4
- 五(ご) 오, 5
- 六(ろく) 육, 6
- 七(しち/なな) 칠, 7
- 八(はち) 팔, 8
- 九(く/きゅう) 구, 9
- 十(じゅう) 십, 10
- 二十(にじゅう) 이십, 20
- 三十(さんじゅう) 삼십, 30
- 四十(よんじゅう) 사십, 40
- 五十(ごじゅう) 오십, 50
- 六十(ろくじゅう) 육십, 60
- 七十(ななじゅう) 칠십, 70
- 八十(はちじゅう) 팔십, 80
- 九十(きゅうじゅう) 구십, 90
- 百(ひゃく) 백, 100
- 二百(にひゃく) 이백, 200
- 三百(さんびゃく) 삼백, 300
- 四百(よんひゃく) 사백, 400
- 五百(ごひゃく) 오백, 500
- 六百(ろっぴゃく) 육백, 600
- 七百(ななひゃく) 칠백, 700
- 八百(はっぴゃく) 팔백, 800
- 九百(きゅうひゃく) 구백, 900
- 一千(いっせん) 천, 1,000
- 二千(にせん) 이천, 2,000
- 三千(さんぜん) 삼천, 3,000
- 四千(よんせん) 사천, 4,000
- 五千(ごせん) 오천, 5,000
- 六千(ろくせん) 육천, 6,000
- 七千(ななせん) 칠천, 7,000
- 八千(はっせん) 팔천, 8,000
- 九千(きゅうせん) 구천, 9,000
- 一万(いちまん) 만, 10,000
- 二万(にまん) 이만, 20,000
- 三万(さんまん) 삼만, 30,000
- 四万(よんまん) 사만, 40,000
- 五万(ごまん) 오만, 50,000
- 六万(ろくまん) 육만, 60,000
- 七万(なな/しちまん) 칠만, 70,000
- 八万(はちまん) 팔만, 80,000
- 九万(きゅうまん) 구만, 90,000
- 十万(じゅうまん) 십만, 100,000
- 百万(ひゃくまん) 백만, 1,000,000
- 千万(せんまん) 천만, 10,000,000
- 億(おく) 억
- 十億(じゅうおく) 십억
- 百億(ひゃくおく) 백억
- 千億(せんおく) 천억

시간

- 一時(いちじ) 한 시, 1시
- 二時(にじ) 두 시, 2시
- 三時(さんじ) 세 시, 3시
- 四時(よじ) 네 시, 4시
- 五時(ごじ) 다섯 시, 5시
- 六時(ろくじ) 여섯 시, 6시
- 七時(しちじ) 일곱 시, 7시
- 八時(はちじ) 여덟 시, 8시
- 九時(くじ) 아홉 시, 9시
- 一分(いっぷん) 1분
- 二分(にふん) 2분
- 三分(さんぷん) 3분
- 四分(よんぷん) 4분
- 五分(ごふん) 5분
- 六分(ろっぷん) 6분
- 七分(ななふん) 7분
- 八分(はっぷん) 8분
- 九分(きゅうふん) 9분
- 十分(じゅっぷん/じっぷん) 10분

지시대명사와 연체사

- これ 이것
- それ 그것
- あれ 저것
- どれ 어느 것
- ここ 여기

- □ そこ 거기
- □ あそこ 저기
- □ どこ 어디
- □ こちら 이쪽
- □ そちら 그쪽
- □ あちら 저쪽
- □ どちら 어느 쪽
- □ この 이
- □ その 그
- □ あの 저
- □ どの 어느
- □ こんな 이런
- □ そんな 그런
- □ あんな 저런
- □ どんな 어떤

■ 위치와 방향

- □ 上(うえ) 위
- □ 下(した) 아래
- □ 横(よこ) 옆
- □ 後(うし)ろ 뒤
- □ 向(む)かい 맞은편
- □ 中(なか) 안, 속
- □ 左(ひだり) 왼쪽
- □ 右(みぎ) 오른쪽
- □ 外(そと) 밖
- □ 東(ひがし) 동쪽
- □ 西(にし) 서쪽
- □ 南(みなみ) 남쪽
- □ 北(きた) 북쪽
- □ 真(ま)ん中(なか) 한가운데
- □ 隅(すみ) 구석
- □ 近(ちか)く 근처
- □ 遠(とお)く 멀리
- □ 間(あいだ) 사이

■ 신체

- □ 体(からだ) 몸
- □ 肌(はだ) 살갗, 피부
- □ 頭(あたま) 머리
- □ 顔(かお) 얼굴
- □ 目(め) 눈
- □ 鼻(はな) 코
- □ 耳(みみ) 귀
- □ 口(くち) 입
- □ 首(くび) 머리, 고개
- □ 肩(かた) 어깨
- □ 手(て) 손
- □ 腕(うで) 팔
- □ 胸(むね) 가슴
- □ 背中(せなか) 등
- □ 腹(はら) 배
- □ 腰(こし) 허리
- □ お尻(しり) 엉덩이
- □ 足(あし) 발, 다리

■ 생리현상

- □ 涙(なみだ) 눈물
- □ 汗(あせ) 땀
- □ 唾(つば) 침
- □ 鼻水(はなみず) 콧물
- □ 咳(せき) 기침
- □ 息(いき) 숨
- □ くしゃみ 재채기
- □ のび 기지개
- □ あくび 하품
- □ おしっこ 오줌
- □ おなら 방귀
- □ 便(べん)/糞(くそ) 똥
- □ 鼻糞(はなくそ) 코딱지
- □ 目糞(めくそ) 눈곱
- □ にきび 여드름
- □ 肉(にく) 살
- □ 骨(ほね) 뼈
- □ 血(ち) 피

■ 체격

- □ 禿頭(はげあたま) 대머리
- □ 縮(ちぢ)れ毛(げ) 곱슬머리
- □ 白髪(しらが) 백발
- □ ふたえまぶた 쌍꺼풀
- □ 口髭(くちひげ) 콧수염
- □ 背(せ)が 高(たか)い 키가 크다

□ 背(せ)が 低(ひく)い
키가 작다

□ 太(ふと)る 살찌다

□ 痩(や)せる 마르다, 살이 빠지다

□ ハンサムだ 미남이다, 핸섬하다

□ ブスだ 못생기다(여자)

□ 健康(けんこう)だ 건강하다

□ 弱(よわ)い 약하다

□ 腹(はら)が 出(で)る
배가 나오다

□ 男(おとこ)らしい 남자답다

□ 女(おんな)らしい 여자답다

□ 美男(びなん) 미남

□ 美人(びじん) 미인

■ 일상생활

□ 起(お)きる 일어나다

□ 顔(かお)を 洗(あら)う
세수하다

□ 歯(は)を 磨(みが)く
이를 닦다

□ ご飯(はん)を 食(た)べる
밥을 먹다

□ 水(みず)を 飲(の)む
물을 마시다

□ トイレに 行(い)く
화장실에 가다

□ 化粧(けしょう)する 화장하다

□ 出勤(しゅっきん)する
출근하다

□ 働(はたら)く 일하다

□ 忙(いそが)しい 바쁘다

□ 遊(あそ)ぶ 놀다

□ 暇(ひま)だ 한가하다

□ 帰(かえ)って 来(く)る
돌아오다

□ 休(やす)む 쉬다

□ 風呂(ふろ)に はいる
목욕하다

□ シャワーを 浴(あ)びる
샤워를 하다

□ 寝(ね)る 자다

□ 夢(ゆめ)を 見(み)る
꿈을 꾸다

■ 일생

□ 暮(く)らす 생활하다, 살다

□ 生(い)きる 살다

□ 生(う)まれる 태어나다

□ 育(そだ)つ 자라다

□ 育(そだ)てる 키우다

□ 年(とし)を 取(と)る
나이를 먹다

□ 老(お)いる 늙다

□ 死(し)ぬ 죽다

□ 婚約(こんやく)する 약혼하다

□ 結婚(けっこん)する 결혼하다

□ 離婚(りこん)する 이혼하다

□ 娘(むすめ) 딸

□ 息子(むすこ) 아들

□ 若者(わかもの) 젊은이

□ 誕生日(たんじょうび) 생일

□ 還暦(かんれき) 환갑, 회갑

□ 葬式(そうしき) 장례식

□ お墓(はか) 묘

■ 동작

□ 掴(つか)む 잡다

□ 押(お)す 밀다

□ 引(ひ)く 끌다, 당기다

□ 触(さわ)る 만지다

□ 殴(なぐ)る 때리다

□ 揺(ゆ)する 흔들다

□ 破(やぶ)る 깨다, 깨트리다

□ 投(な)げる 던지다

□ 受(う)ける 받다

□ 抱(いだ)く 안다, 껴안다

□ 持(も)つ 들다, 가지다

□ 拾(ひろ)う 줍다

□ 指(さ)す 가리키다

□ 叩(たた)く 두드리다

□ 押(お)さえる 누르다

□ 蹴(け)る 차다

□ 歩(ある)く 걷다

□ 走(はし)る 달리다

감각

- 考(かんが)える 생각하다
- 覚(おぼ)える 기억하다, 외우다
- 忘(わす)れる 잊다
- 後悔(こうかい)する 후회하다
- 悩(なや)む 고민하다
- 反省(はんせい)する 반성하다
- 狂(くる)う 미치다
- 気(き)に なる 걱정이 되다
- 気(き)が 利(き)く 눈치가 빠르다
- 気(き)が きかない 눈치가 없다
- 気(き)を 使(つか)う 신경을 쓰다
- 気(き)を つける 조심하다
- 誤解(ごかい)する 오해하다
- 錯覚(さっかく)する 착각하다
- 信(しん)じる 믿다
- 相談(そうだん)する 의논 (상담)하다
- 決(き)める 정하다, 결정하다
- 疑(うたが)う 의심하다

감정

- 嬉(うれ)しい 기쁘다
- 楽(たの)しい 즐겁다
- 面白(おもしろ)い 재미있다
- つまらない 시시하다
- 気分(きぶん)が いい 기분이 좋다
- きぶんが 悪(わる)い 기분이 나쁘다
- 可笑(おか)しい 이상하다
- 幸福(こうふく)だ 행복하다
- 興奮(こうふん)する 흥분하다
- 感動(かんどう)する 감동하다
- まあまあだ 그저 그렇다
- 愛(あい)する 사랑하다
- 好(す)きだ 좋아하다
- 嫌(きら)いだ 싫어하다
- 不愉快(ふゆかい)だ 불쾌하다
- 嫉妬(しっと)する 질투하다
- 満足(まんぞく)だ 만족하다
- 残念(ざんねん)だ 유감이다
- 悲(かな)しい 슬프다
- 寂(さび)しい 쓸쓸하다, 적적하다
- 辛(つら)い 괴롭다
- 恐(こわ)い 무섭다
- がっかりする 실망하다
- おじけづく 겁나다
- 悔(くや)しい 분하다
- 腹立(はらだ)つ 화나다
- 驚(おどろ)く 놀라다
- 息苦(いきぐる)しい 답답하다
- 我慢(がまん)する 참다
- かわいそうだ 불쌍하다, 가엾다
- 恨(うら)む 원망하다
- 憎(にく)む 미워하다, 증오하다
- 慌(あわ)てる 당황하다
- 心配(しんぱい)する 걱정하다
- 恥(は)ずかしい 부끄럽다
- 困(こま)る 곤란하다, 난처하다

성격

- 怠(なま)ける 게으르다
- まめだ 성실하다, 착하다
- 落(お)ち着(つ)く 침착하다
- そそっかしい 덜렁대다
- 立派(りっぱ)だ 훌륭하다
- 善良(ぜんりょう)だ 선량하다, 착하다
- 生意気(なまいき)だ 건방지다
- 傲慢(ごうまん)だ 거만하다
- 大人(おとな)しい 어른스럽다
- 優(やさ)しい 상냥하다
- 親切(しんせつ)だ 친절하다
- 純真(じゅんしん)だ 순진하다

- ☐ 利口(りこう)だ 영리하다, 슬기롭다
- ☐ 勇敢(ゆうかん)だ 용감하다
- ☐ 朗(ほが)らかだ 명랑하다
- ☐ 冷(つめ)たい 차갑다, 냉정하다
- ☐ 男(おとこ)らしい 남자답다
- ☐ 女(おんな)らしい 여자답다

때

- ☐ 今(いま) 지금
- ☐ すぐに 곧바로, 당장
- ☐ 早(はや)く 일찍, 빨리
- ☐ 遅(おそ)く 늦게
- ☐ いつも 언제나, 항상
- ☐ 普段(ふだん) 보통, 평소
- ☐ 先(さき)に 먼저, 앞서
- ☐ まず 우선, 먼저
- ☐ この前(まえ)に 요전에
- ☐ ただ今(いま) 방금
- ☐ 後(あと)で 나중에
- ☐ これから 앞으로, 이제부터
- ☐ 次(つぎ)に 다음에
- ☐ もう 이미, 벌써, 머지않아
- ☐ 再(ふたた)び 다시, 재차
- ☐ たまに 가끔, 이따금
- ☐ 度々(たびたび) 몇 번이나, 종종
- ☐ 急(きゅう)に 갑자기

하루의 시간

- ☐ 明(あ)け方(がた) 새벽
- ☐ 朝(あさ) 아침
- ☐ 昼(ひる) 낮
- ☐ 夕方(ゆうがた) 저녁
- ☐ 夜(よる) 밤
- ☐ 夜中(よなか) 밤중
- ☐ 深夜(しんや) 심야
- ☐ 午前(ごぜん) 오전
- ☐ 午後(ごご) 오후
- ☐ 正午(しょうご) 정오, 낮
- ☐ 一日(いちにち) 하루
- ☐ ~中(じゅう) ~종일
- ☐ 半日(はんにち) 반나절
- ☐ 時間(じかん) 시간
- ☐ 時(とき) 때
- ☐ 何時(なんじ) 몇 시
- ☐ 何分(なんぷん) 몇 분
- ☐ 何秒(なんびょう) 몇 초

날짜와 요일

- ☐ 日(ひ) 날, 일
- ☐ 月(がつ)/月(げつ) 월, 달
- ☐ 年(ねん) 해, 연
- ☐ 何月(なんがつ) 몇 월
- ☐ 何年(なんねん) 몇 년
- ☐ 一日(ついたち) 초하루, 1일
- ☐ 二日(ふつか) 이틀, 2일
- ☐ 三日(みっか) 사흘, 3일
- ☐ 一ヶ月(いっかげつ) 한 달, 1개월
- ☐ 週末(しゅうまつ) 주말
- ☐ 月末(げつまつ) 월말
- ☐ 年末(ねんまつ) 연말
- ☐ 月曜日(げつようび) 월요일
- ☐ 火曜日(かようび) 화요일
- ☐ 水曜日(すいようび) 수요일
- ☐ 木曜日(もくようび) 목요일
- ☐ 金曜日(きんようび) 금요일
- ☐ 土曜日(どようび) 토요일

연월일

- ☐ 今年(ことし) 올해, 금년
- ☐ 来年(らいねん) 내년
- ☐ 再来年(さらいねん) 내후년
- ☐ 去年(きょねん) 작년
- ☐ 昨年(さくねん) 작년
- ☐ 一昨年(おととし) 재작년
- ☐ 毎年(まいとし) 매해, 매년
- ☐ 今月(こんげつ) 이번 달
- ☐ 先月(せんげつ) 지난 달
- ☐ 来月(らいげつ) 다음 달
- ☐ 再来月(さらいげつ) 다다음 달
- ☐ 毎月(まいつき) 매달, 매월
- ☐ 今日(きょう) 오늘
- ☐ 明日(あした) 내일

- 明後日(あさって) 모레
- 昨日(きのう) 어제
- 一昨日(おととい) 그제
- 毎日(まいにち) 매일

날씨

- 天気(てんき) 날씨
- 晴(は)れ 맑음, 개임
- 曇(くも)り 흐림
- 雲(くも) 구름
- 雨(あめ) 비
- 雪(ゆき) 눈
- 晴(は)れる 맑다, 개이다
- 台風(たいふう) 태풍
- 稲妻(いなずま) 번개
- 雷(かみなり) 천둥, 우뢰
- 気温(きおん) 기온
- 気圧(きあつ) 기압
- 地震(じしん) 지진
- 洪水(こうずい) 홍수
- 日照(ひで)り 가뭄
- 夕立(ゆうだち) 소나기
- 梅雨(つゆ) 장마
- 津波(つなみ) 해일, 쓰나미

기후

- 気候(きこう) 기후
- 空(そら) 하늘
- 空気(くうき) 공기
- 湿気(しっけ) 습기
- 霧(きり) 안개
- 露(つゆ) 이슬
- 霜(しも) 서리
- 虹(にじ) 무지개
- 暖(あたた)かい 따뜻하다
- 暑(あつ)い 덥다
- 蒸(む)し暑(あつ)い 무덥다
- 涼(すず)しい 시원하다
- 寒(さむ)い 춥다
- 氷(こおり) 얼음
- つらら 고드름
- 陽炎(かげろう) 아지랑이
- 天気予報(てんきよほう) 일기예보
- 気象(きしょう) 기상

동물

- 飼(か)う 기르다
- 餌(えさ)を やる 먹이를 주다
- 犬(いぬ) 개
- 猫(ねこ) 고양이
- ねずみ 쥐
- ゴキブリ 바퀴벌레
- 蚊(か) 모기
- はえ 파리
- 鳥(とり) 새
- 牛(うし) 소
- 馬(うま) 말
- 虎(とら) 호랑이
- 魚(さかな) 물고기
- 虫(むし) 벌레
- 鶏(にわとり) 닭
- ウサギ 토끼
- スズメ 참새
- 豚(ぶた) 돼지

식물

- 植物(しょくぶつ) 식물
- 稲(いね) 벼
- 麦(むぎ) 보리
- 草(くさ) 풀
- 松(まつ) 소나무
- 柳(やなぎ) 버드나무
- むくげ 무궁화
- 花(はな) 꽃
- 咲(さ)く (꽃이) 피다
- 桜(さくら) 벚(꽃)
- 実(み) 열매
- 新芽(しんめ) 새싹
- 根(ね) 뿌리
- 葉(は) 잎
- 紅葉(もみじ) 단풍
- 落葉(おちば) 낙엽
- 芝生(しばふ) 잔디

□ 木(き) 나무

■ 의복

□ 服(ふく) 옷
□ 紳士服(しんしふく) 신사복
□ 婦人服(ふじんふく) 여성복
□ 洋服(ようふく) 옷(서양옷)
□ 和服(わふく) 일본전통 옷
□ ズボン 바지
□ スカート 스커트, 치마
□ 上着(うわぎ) 겉옷, 상의
□ ワンピース 원피스
□ コート 코트, 웃옷
□ セーター 스웨터
□ ワイシャツ 와이셔츠
□ 下着(したぎ) 속옷
□ ランニング 러닝
□ シュミーズ 슈미즈. 속치마
□ 靴下(くつした) 양말
□ 着(き)る 입다
□ 脱(ぬ)ぐ 벗다

■ 장신구

□ 帽子(ぼうし) 모자
□ 眼鏡(めがね) 안경
□ 腕時計(うでどけい) 손목시계
□ 手袋(てぶくろ) 장갑
□ 襟巻(えりま)き 목도리
□ ベルト 벨트, 허리띠
□ ハンカチ 손수건
□ 財布(さいふ) 지갑
□ 履物(はきもの) 신발
□ 靴(くつ) 구두
□ 運動靴(うんどうぐつ) 운동화
□ 指輪(ゆびわ) 반지
□ 腕輪(うでわ) 팔찌
□ 首飾(くびかざ)り 목걸이
□ イヤリング 귀걸이
□ かつら 가발
□ ハンドバック 핸드백
□ アクセサリー 액세서리

■ 식사

□ 空腹(くうふく)だ 배고프다
□ 満腹(まんぷく)だ 배부르다
□ おいしい 맛있다
□ まずい 맛없다
□ 食欲(しょくよく) 식욕
□ 朝食(ちょうしょく) 아침식사, 조식
□ 昼食(ちゅうしょく) 점심식사, 중식
□ 夕食(ゆうしょく) 저녁식사, 석식
□ 間食(かんしょく) 간식
□ ご飯(はん) 밥
□ おかず 반찬
□ 食(た)べる 먹다
□ 汁(しる) 국
□ 腐(くさ)る 썩다
□ 食事(しょくじ) 식사
□ 飲(の)む 마시다
□ 箸(はし) 젓가락
□ 割箸(わりばし) 1회용 나무젓가락

■ 조미료와 맛

□ 調味料(ちょうみりょう) 조미료
□ 塩(しお) 소금
□ 砂糖(さとう) 설탕
□ 醤油(しょうゆ) 간장
□ 味噌(みそ) 된장
□ 酢(す) 식초
□ こしょう 후춧가루
□ 油(あぶら) 기름
□ ごま油(あぶら) 참기름
□ ごま 참깨
□ ねぎ 파
□ 生姜(しょうが) 생강
□ 辛(から)い 맵다
□ 塩辛(しおから)い 짜다
□ 薄(うす)い 싱겁다
□ 酸(す)っぱい 시다
□ 甘(あま)い 달다

□ 苦(にが)い 쓰다

술자리

□ 大酒(おおざけ)のみ 술고래
□ 酔(よ)っ払(ぱら)い 술꾼, 주정뱅이
□ 酔(よ)う 취하다
□ 割勘(わりかん) 각자부담
□ 二次会(にじかい) 이차
□ 注(そそ)ぎだし 첨잔
□ 屋台(やたい) 포장마차
□ 酒(さけ) 술
□ 飲屋(のみや) 술집
□ 盃(さかずき) 술잔
□ 酒代(さかだい) 술값
□ 乾杯(かんぱい) 건배
□ 祝杯(しゅくはい) 축배
□ つまみ 안주
□ お通(とお)し 기본안주
□ ビール 맥주
□ 生(なま)ビール 생맥주
□ 日本酒(にほんしゅ) 청주

가전제품

□ 洗濯機(せんたくき) 세탁기
□ 電気釜(でんきがま) 전기밥솥
□ 扇風機(せんぷうき) 선풍기
□ エアコン 에어컨
□ スイッチ 스위치
□ ドライヤー 드라이어
□ 乾電池(かんでんち) 건전지
□ スタンド 스탠드
□ 電子(でんし)レンジ 전자렌지
□ 冷蔵庫(れいぞうこ) 냉장고
□ テレビ 텔레비전
□ カセット 카세트
□ ビデオ 비디오
□ コンピューター 컴퓨터
□ ワープロ 워드프로세서
□ 停電(ていでん) 정전
□ 点(つ)ける 켜다
□ 切(き)る 끄다

전화

□ 公衆電話(こうしゅうでんわ) 공중전화
□ 電話番号(でんわばんごう) 전화번호
□ もしもし 여보세요
□ コイン 코인, 동전
□ 電話(でんわ)カード 전화카드
□ 通話中(つうわちゅう) 통화중
□ 交換(こうかん) 교환
□ 市外電話(しがいでんわ) 시외전화
□ 地域番号(ちいきばんごう) 지역번호
□ 料金(りょうきん) 요금
□ 電話帳(でんわちょう) 전화번호부
□ 混線(こんせん) 혼선
□ 国際電話(こくさいでんわ) 국제전화
□ 指名通話(しめいつうわ) 지명통화
□ 受話器(じゅわき) 수화기
□ かける (전화를) 걸다
□ かわる (전화를) 바꾸다
□ 悪戯電話(いたずらでんわ) 장난전화

우편

□ 郵便局(ゆうびんきょく) 우체국
□ ポスト 우체통
□ 便(たよ)り 소식
□ 手紙(てがみ) 편지
□ 出(だ)す (편지를) 부치다
□ 住所(じゅうしょ) 주소
□ 郵便番号(ゆうびんばんごう) 우편번호
□ 葉書(はがき) 엽서
□ 絵葉書(えはがき) 그림엽서
□ 封筒(ふうとう) 봉투
□ 便箋(びんせん) 편지지

- □ 切手(きって) 우표
- □ 窓口(まどぐち) 창구
- □ 小包(こづつみ) 소포
- □ 包装(ほうそう) 포장
- □ 書留(かきとめ) 등기
- □ 速達(そくたつ) 빠른우편
- □ 電報(でんぽう) 전보

■ 약

- □ 薬(くすり) 약
- □ 薬屋(くすりや) 약방, 약국
- □ バンドエイド 일회용 반창고
- □ 包帯(ほうたい) 붕대
- □ 風薬(かぜぐすり) 감기약
- □ 消化剤(しょうかざい) 소화제
- □ 鎮痛剤(ちんつうざい) 진통제
- □ 目薬(めぐすり) 안약
- □ 便秘薬(べんぴぐすり) 변비약
- □ 下痢止(げりど)め薬(ぐすり) 설사약
- □ 軟膏(なんこう) 연고
- □ 水薬(みずぐすり) 물약
- □ 粉薬(こなぐすり) 가루약
- □ 丸薬(がんやく) 알약
- □ 針(はり) 침
- □ 錠剤(じょうざい) 정제
- □ 漢方薬(かんぽうやく) 한약
- □ 食後(しょくご) 식후

■ 병원

- □ 病院(びょういん) 병원
- □ 医者(いしゃ) 의사
- □ 看護婦(かんごふ) 간호원
- □ 内科(ないか) 내과
- □ 外科(げか) 외과
- □ 産婦人科(さんふじんか) 산부인과
- □ 小児科(しょうにか) 소아과
- □ 歯科(しか) 치과
- □ 耳鼻咽喉科(じびいんこうか) 이비인후과
- □ 献血(けんけつ) 헌혈
- □ 救急車(きゅうきゅうしゃ)구급차
- □ 患者(かんじゃ) 환자
- □ 診察(しんさつ) 진찰
- □ 体温(たいおん) 체온
- □ 血圧(けつあつ) 혈압
- □ 注射(ちゅうしゃ) 주사
- □ 入院(にゅういん) 입원
- □ 手術(しゅじゅつ) 수술

■ 질병

- □ 痛(いた)い 아프다
- □ 熱(ねつ)が ある 열이 있다
- □ 仮病(けびょう) 꾀병
- □ 食中毒(しょくちゅうどく) 식중독
- □ 蕁麻疹(じんましん) 두드러기
- □ 皮膚病(ひふびょう) 피부병
- □ 恋煩(こいわずら)い 상사병
- □ ふけ 비듬
- □ 痔(じ) 치질
- □ にきび 여드름
- □ 神経痛(しんけいつう) 신경통
- □ 飲(の)み過(す)ぎ 과음
- □ 食(た)べ過(す)ぎ 과식
- □ 治(なお)る (병이) 낫다
- □ 疼(うず)く 쑤시다
- □ かゆい 가렵다
- □ もたれる 체하다
- □ 吐(は)く 토하다

■ 비즈니스

- □ 取引先(とりひきさき) 거래처
- □ 名刺(めいし) 명함
- □ 接待(せったい) 접대
- □ 輸出(ゆしゅつ) 수출
- □ 輸入(ゆにゅう) 수입
- □ 信用状(しんようじょう) 신용장
- □ 手形(てがた) 어음
- □ 保証(ほしょう) 보증
- □ 販売(はんばい) 판매

- [ ] 原価(げんか) 원가
- [ ] 見本(みほん) 견본, 샘플
- [ ] 売上高(うりあげだか) 매상고
- [ ] 不渡(ふわた)り 부도
- [ ] 投資(とうし) 투자
- [ ] 契約(けいやく) 계약
- [ ] 赤字(あかじ) 적자
- [ ] 黒字(くろじ) 흑자
- [ ] 収支(しゅうし) 수지

교통수단

- [ ] 車(くるま) 차, 자동차
- [ ] タクシー乗場(のりば) 택시승강장
- [ ] マイカー 자가용
- [ ] 電車(でんしゃ) 전철, 전차
- [ ] 地下鉄(ちかてつ) 지하철
- [ ] バス 버스
- [ ] 運転(うんてん) 운전
- [ ] 小銭(こぜに) 잔돈
- [ ] バス停(てい) 버스정류장
- [ ] 終点(しゅうてん) 종점
- [ ] 自転車(じてんしゃ) 자전거
- [ ] 船(ふね) 배
- [ ] フェリー 훼리
- [ ] 港(みなと) 항구
- [ ] 切符(きっぷ) 표
- [ ] 切符売場(きっぷうりば) 매표소
- [ ] 列車(れっしゃ) 열차
- [ ] 特急(とっきゅう) 특급

숙박

- [ ] ホテル 호텔
- [ ] 旅館(りょかん) 여관
- [ ] 民宿(みんしゅく) 민박
- [ ] フロント 프런트
- [ ] 湯(ゆ) 끓인 물
- [ ] ベッド 침대
- [ ] シングル 싱글
- [ ] ツイン 트윈
- [ ] 部屋代(へやだい) 방값
- [ ] 前払(まえばら)い 선불
- [ ] 宿泊(しゅくはく) 숙박
- [ ] 計算(けいさん) 계산
- [ ] キー 키, 열쇠
- [ ] 貴重品(きちょうひん) 귀중품
- [ ] 洗濯物(せんたくもの) 세탁물
- [ ] チップ 팁
- [ ] 食堂(しょくどう) 식당
- [ ] バスルーム 욕실

항공

- [ ] 空港(くうこう) 공항
- [ ] パスポート 여권, 패스포트
- [ ] 空席(くうせき) 빈자리, 공석
- [ ] 満席(まんせき) 자리가 다 참, 만석
- [ ] 落(お)とし物(もの) 분실물
- [ ] 手続(てつづ)き 수속
- [ ] 荷物(にもつ) 짐
- [ ] 検査(けんさ) 검사
- [ ] 別(わか)れ 헤어짐, 작별
- [ ] 再会(さいかい) 다시 만남, 재회
- [ ] 出迎(でむか)え 마중
- [ ] 見送(みおく)り 전송
- [ ] 税関(ぜいかん) 세관
- [ ] 免税(めんぜい) 면세
- [ ] 予約(よやく) 예약
- [ ] 国際線(こくさいせん) 국제선
- [ ] 国内線(こくないせん) 국내선
- [ ] 飛行機(ひこうき) 비행기

쇼핑

- [ ] 市場(いちば) 시장
- [ ] デパート 백화점
- [ ] 買(か)う 사다
- [ ] 売(う)る 팔다
- [ ] 値切(ねぎ)る 값을 깎다
- [ ] 値段(ねだん) 값, 가격
- [ ] 高(たか)い (값이) 비싸다
- [ ] 安(やす)い (값이) 싸다
- [ ] 物価(ぶっか) 물가

- □ お土産(みやげ) 선물
- □ 配達(はいたつ) 배달
- □ スーパー 슈퍼(마켓)
- □ 販売(はんばい) 판매
- □ バーゲンセール 바겐세일
- □ お金(かね) 돈
- □ 高級品(こうきゅうひん) 고급품
- □ 商店街(しょうてんがい) 상가
- □ 繁華街(はんかがい) 번화가

상태

- □ 横(よこ) 가로
- □ 縦(たて) 세로
- □ 大(おお)きい 크다
- □ 小(ちい)さい 작다
- □ 多(おお)い 많다
- □ 少(すく)ない 적다
- □ 長(なが)い 길다
- □ 短(みじか)い 짧다
- □ 高(たか)い 높다
- □ 低(ひく)い 낮다
- □ 厚(あつ)い 두껍다
- □ 薄(うす)い 얇다
- □ 太(ふと)い 굵다
- □ 細(ほそ)い 가늘다
- □ 重(おも)い 무겁다
- □ 軽(かる)い 가볍다
- □ 丸(まる)い 둥글다
- □ 四角(しかく)だ 네모지다
- □ 良(よ)い 좋다
- □ 悪(わる)い 나쁘다
- □ 強(つよ)い 강하다, 세다
- □ 弱(よわ)い 약하다
- □ 新(あたら)しい 새롭다
- □ 古(ふる)い 낡다, 오래되다
- □ 同(おな)じだ 같다, 동일하다
- □ 違(ちが)う 다르다
- □ 簡単(かんたん)だ 간단하다
- □ 複雑(ふくざつ)だ 복잡하다
- □ 変(へん)だ 이상하다
- □ 広(ひろ)い 넓다
- □ 狭(せま)い 좁다
- □ 深(ふか)い 깊다
- □ 浅(あさ)い 얕다
- □ 美(うつく)しい 아름답다
- □ 奇麗(きれい)だ 예쁘다
- □ 可愛(かわい)い 귀엽다

색깔

- □ 濃(こ)い 진하다
- □ 薄(うす)い 옅다
- □ 白(しろ)い 하얗다
- □ 黒(くろ)い 검다
- □ 赤(あか)い 빨갛다
- □ 黄色(きいろ)い 노랗다
- □ 青(あお)い 파랗다
- □ 明(あか)るい 밝다
- □ 暗(くら)い 어둡다
- □ 派手(はで)だ 화려하다
- □ 地味(じみ)だ 수수하다
- □ 田舎(いなか)っぽい 촌스럽다
- □ 品(ひん)が ある 고상하다
- □ 白黒(しろくろ) 흑백
- □ 茶色(ちゃいろ) 갈색
- □ 紫色(むらさきいろ) 보라색
- □ 灰色(はいいろ) 회색
- □ 緑色(みどりいろ) 녹색